エルシーにヘア・ベル（イトシヤジン草）の花を差しだす妖精（写真D）
妖精はやぶの木の葉の上に、静かに立っている。羽根は黄みがかった玉虫色、ドレスの上側は淡いピンク。

フランシスと妖精たち（写真A）
エルシーが撮った写真。1917年7月、陽の照っている日。「ミッジ・カメラ」、撮影距離約90センチ。シャッター・スピード50分の1秒。ネガの原物は、写真の技術者に言わせれば、全く純粋な写真であり、修正をしたり他の作品と混ぜ合せたりせずに、戸外でそのままの条件で、直接に撮影された写真である。フランシスの後ろの滝と岩は約6メートル。彼女は小川（ベック）の土手に立っている。2人の右側の間、あるいは背後には、5番目の妖精が見えよう。妖精の色彩は、羽根は非常に淡いピンクか緑かラベンダーか藤色に少女たちに染められ、身体は透明な白で、衣装はそうした色である。妖精はめいめい特別な色彩を持っている。

エルシーとノーム（写真B）
フランシス撮影。1917年9月、良く晴れた日。「ミッジ」カメラ使用。撮影距離約2メートル半。シャッタースピード50分の1秒。Aの写真と同じく、原板は専門家により、引き伸ばしも、分析、点検を受けている。原板は露出不足。エルシーはノーム（民間ではゴブリンと同一視されることもある）と遊んでおり、膝に来るよう招いている。ノームが飛び上がるところを、カメラを持ったフランシスがシャッターを押して撮った。ノームは黒のタイツ、赤茶のジャージ、明るい赤のトンガリ帽子。羽根は妖精に比べ、蛾に似て柔らかい中間色。左手に持つ笛は、あたりが静かなときに微かに響く。妖精は素手に乗せて感じる「微かな息」程度の重さだという。

フランシスと翔ぶ妖精（写真C）

1920年8月、エルシーが撮影。「カメオ」カメラ使用。撮影距離約90センチ。シャッタースピード50分の1秒。このネガと続く2つ（写真D・E）は、初期の撮影と同じく厳しい検査を受け、まったく純粋な写真で、ほかの痕跡はないと発表される。これらの写真もまた、乾板1枚1枚に印を付け、このことを2人の少女には知らせずに渡し、それが使用されたと立証されている。妖精は葉の下から飛び跳ね、しばらく浮くことを数回している。妖精が前よりやや高く飛び上がり、フランシスは顔に触れると思ったのか、無意識に頭を後ろに反らせた。妖精はラベンダー色の、身体にピッタリした服を着ている。

妖精たちの日光浴（**写真E／本文では「妖精のあずまや」**）

原板がとくに偽造不可能な写真である。ある専門家の意見でも絶対に不可能とのこと。少女たちは何かわからず写したという。草むらの真ん中に下がる豆のさや、または繭に似たものは今まで見たことがなく、何なのか知らないという。妖精愛好者で観察者である人の話ではニュー・フォーレストなどで、妖精が秋のどんよりした天気の後に使うために、非常に手早くこしらえる磁気の浴槽だという。繭を通過した光線が内部を磁気化するので、この浴槽に入ると生命力と活力が回復するのだそうである。

妖精の到来——コティングリー村の事件

アーサー・コナン・ドイル　井村君江訳

The Coming of the Fairies

Arthur Conan Doyle

1922

装画：中野緑

目次

まえがき

井村君江

「コティングリー妖精事件」の説明から始めたい。本書がこの事件を扱っているからである。著者のアーサー・コナン・ドイル卿（Arthur Conan Doyle 1859-1930）が、妖精に対する意見を本書にまとめて出版したことで、この事件は広く一般に広まり有名な問題になった。

シャーロック・ホームズの著者が、なぜ超自然的な妖精を認めたのか、誰もがこのことを疑問に思ったに違いない。この時期ドイル卿は、神智学協会会員であり、心霊現象研究協会の役員であり、死後の世界に興味を持っていたのである。

「コティングリー妖精事件」は、一九一七年七月の夏に起こっている。イギリスのヨークシャー州、ブラッドフォード近くのコティングリー村にある住宅街三一番の家に、アーサー・ライト一家の両親と一人娘エルシーが住んでいた。そこにアーサーの妹であるアニー・グリフィスと娘のフランシスとが、滞在しにやってくる、軍人の夫が南アフリカに転属になったからである。ライト家の娘エルシー(Elsie Wright 1901-1988／当時十五歳)とグリフィス家のフランシス(Frances Griffiths 1907-1986／当時九歳）はすぐに仲良しになり、家の傍を流れる小川《ベック》で、毎日のように水と泥にまみれて遊ぶ仲になる。いつも服の洗濯が大変だと不平を言う母親に、妖精と遊んでいたと言って笑われ、それなら実際に見せてやろうと、父親の持っているカメラを借りてその場面を写すことにする。幸い一枚の乾板を入れたカメラを貸してもらえた。当時カメラは一般にはほとんど普及しておらず、高価で貴重なものであり、現像液を扱える人も少なかった。

エルシーたちは父親から借りたカメラを一時間ほどで返し、家の暗室で現像を見守っていた。すると、その感光板には、妖精が映っていた。これを見て両親は驚き、母親は自身が会員であった神智学協会の役員のエドワード・L・ガードナーにこの写真を見せた。ガードナーは、さっそく同じ会員で興味を持っているドイル卿に、写真を二枚送った。ドイル卿は心霊について講演するため、家族とカナダに出かけるところであった。しかしドイル卿は、第一次世界大戦で息子や甥達を死なせており、死後の世界や地球外生命の存在に惹かれていたので、妖精は興味深い存在だった。妖精は神と人間の中間的な、超自然的な存在だったので、人間が死の世界を考える上で、大切なものだったのである。

神智学協会のガードナー氏を通じ、ドイル卿はこの妖精事件の公表をライト夫妻に依頼した。その結果ライト氏たちは、これはヨークシャーでの事件だということにして、ライト家の名前や住所は出さぬことにして欲しいと言い、承諾したのである。更にドイル卿は、報酬のことも心配したようだが、ライト夫妻は断った。しかしドイル卿はエルシー嬢の嫁入りのためにと、一〇〇ポンドを渡している。ドイル卿は早速ヨークシャーに行って、ライト夫妻とエルシーとに会い、妖精写真の同じ話を別々の時間に、三人から聞いている。もう一人の少女フランシスは別の村の小学生だった。

ドイル卿はこの「少女と妖精」について、すぐに雑誌「ストランド」誌のクリスマス号（十二月号）に、「妖精の写真が撮れた！——人類史上に新時代を画す一大事件」と題した記事を掲載した（いわき明星大学附属図書館にも所蔵されている）。そのときドイル卿は、エルシーの名前はアイリス（Iris）に、フランシスの名前はアリス（Alice）へと変更させている。雑誌は発売後三日間で売り切れ、妖精について賛否両論が世界じゅうに広がり、大きな反響をよんだ。これから一年余り経って、ドイル卿はこの雑誌論文を基に本書『妖精の到来』（The Coming of the Fairies）を書いて出版したのである。

それから半世紀以上経ってエルシーは、「妖精は絵に描いたもので、キノコの上にヘアーピンで刺し、フランシスと一緒に写真に撮ったものだ」とテレビで告白している。しかし、現在五枚存在している「妖精と少女」の写真のうち、エドワード・ガードナーが「妖精のあずまや」（Fairies' Bower）と呼び、ドイル卿が繭のようなと表現し「妖精の日光浴」（Fairies and their Sun-bath）と名づけた最後の写真は、自分たちは写していないというので、この妖精事件が解決したとはいいがたい。その時ドイル卿は、すでにこの世を去っていた。ドイル卿はエルシーたちの妖精の制作過程について、生涯知ることはなかったわけである。そうしたドイル卿は妖精をどのように扱い、考えていたか、こうした問題はこの本を読まれた方なら推定できよう。そして今後、皆様御自身が妖精とどう向き合えばよいか、いわば未来の展望を考える一助にしていただきたいと思うわけである。

The Coming of the Fairies

Arthur Conan Doyle

妖精の到来

コティングリー村の事件

●

アーサー・コナン・ドイル

原書まえがき

本書には、よく知られたコティングリー村に起こった妖精写真事件と、それに関連する証拠と証言とを、あますところなく収録した。賢明な読者の方々なら、これらの写真が本物かどうかに関しては、私と同じような見解を抱かれるのではないかと思う。この著作は、写真の信憑性を認めてもらいたいために書かれたのではなく、それにまつわる多くの事実を集めたものにすぎないので、その事実から導かれる推論を受け入れるか否かは、読者諸氏の判断におまかせしたい。

しかし判断するにあたっては、ごまかしのゲームに手慣れた本職の手品師《トリックスター》なら、これと似たような効果が作れるからといって、これらの写真も同じ手口で作られたと決めてかかることのないよう、ご注意申し上げたい。本物そっくりに模造できないものは現実に存在しないし、奇術師《コンジュアラー》は自分で作った感光板や舞台で、ある一定の効果を生みだすこともできる。だからといって似たような成果が得られたとき、それがごく自然の状況の下で、なんら訓練を受けていない人によった成果だとしても、同じくまがい物だと決めつけることは、聡明な読者の方々ならよく考慮されてからなさることと思う。

付け加えておきたいのだが、人間に近い生命形態をもつこの客観的な存在の問題は、事の重要さではるかにまさる心霊学《スピリチャリズム》の課題とは、なんら関係がないということである。もしこの実に不可思議な挿話を公開することが、心霊学を支持する私の論拠を、いかなる形にせよ、いささかでもそこなうことがあるならば遺憾である。というのもこの挿話は、絶え間なくありつづける個々の存在（われわれ人間）とは、まったく関係がないからである。

一九二二年三月クローボローにて
アーサー・コナン・ドイル

第1章 いかに事件は起こったか

本書で扱われている一連の出来事は、世間の人々に仕掛けられたこれまでにない巧妙な悪ふざけか、さもなければ将来、その性質から人類の歴史上、画期的なものになる可能性をもつ事件である。この地球という惑星の表面には、われわれ人類と同じほどおびただしい別の存在が、われわれの知らないやり方でその生命を営んでいる。そしてただ存在の振動《バイブレーション》がわれわれと異なるというだけで、人類から隔てられている。もしもそうしたものの存在が実際に証明できたならば、辿り着く結論はいったいどのようになるのか、人知で理解するのは難しい。

人間の肉眼は、色のスペクトルを決定する限られた振動のなかで物体をとらえる。本来色のスペクトルは無限の振動を持つのだが、われわれの肉眼はその振幅を使いこなしていない。もしもっと短いか、もしくは長い振動を持つ物質で構成された生きものの種族が存在すると考えれば、われわれ自身の振動の波長を調整できなければ、その種族は目に見えないわけである。霊視能力者《クレアヴォイアント》と呼ばれる人たちには、自分たちの振動をそれら別の振動を持つ種族に合わせて調整する力がある。またこれまでの私の理解から言っても、ほかの人々の目には見えないものを見ることができる人たちにも、同様の能力があるということは、科学的に十分あり得ることである。もしその物体がたしかにそこに存在し、もし人間が発明的な頭脳の力を発揮してこの問題に取り組み、現在の私たちには想像もつかない「超能力眼鏡」のようなものが発明されれば、だれもがまったく新しい状況に馴染めるようになることもあり得よう。またもし高圧電流が用途に合わせ、機械装置で低圧電流に変換されることができるならば、エーテルの振動や光波についても、類似したことが起こり得ると考えてもなんら不思議ではない。

しかしながらこうしたことは、まるで推測の域を出ていない。ここで私は一つの事実に突き当たったのである。それは一九二〇年五月の初旬、雑誌「ライト」の編集者で、私の友人でもあるデヴィッド・ガウ氏と話をしていたときのこと、彼は妖精が写真に撮影されたことを、確固たる口ぶりで私に語ったのである。

ガウ氏自身は実際にその写真を見ていなかったが、スカッチャード女史に当たってみるよう私に言った。女史は豊かな知識と判断力を持っており、私が少なからぬ尊敬の念を抱いていた人物である。連絡をとってみると、女史もまだ写真を見ていなかった。しかし友人に、その写真を実際に見たガードナー女史がいるということだった。五月十三日、スカッチャード女史は手がかりを得たと書いてよこし、ガードナー女史からの手紙の抜き書きを送ってきた。以下にその文章を引用しよう。早くも証言記録をお見せするのは、この驚嘆すべきエピソードの発端となった内幕を、すっかり知っておきたいと願う方々が多いと思うからである。ガードナー女史は、兄であるエドワード・L・ガードナー氏についてそれとなく触れながら、こう書いている。

エドワード・ガードナーは、ご存じのとおり長年におよぶ神智学者《セオソフィスト》であり、現在も神智学《セオソフィー》協会のための講演や仕事に、ほとんどの時間を費やしております――私は何年ものあいだ、兄はすっかり道を踏み誤ったものと思い、ほとんど改心の見込みはないものと考えていました。けれど今の私には、兄と話すことが何か啓発されるような恩恵なのです。というのは、兄がウィルズデンで近親者に先立たれたときのことです。私は幸運にもそこに居合わせたのですが、その際に、兄の霊的なことへの信念と信仰が、驚くほど兄を支え慰めになっていることを知ったからです。おそらく兄はこれからもいっそう、地方に講演に出かけたりすること等に時間を割き、力を注ぐことでしょう。

エドワードの持っている一枚の写真を、貴方さまがご覧になれたら、と思います。エドワードはフェアリーやピクシー、ゴブリンなどの存在を信じていますし、それにこれまで集めてきたさまざまな事例から、子供の目には妖精たちがちゃんと見え、一緒に遊んだりするということも知っています。さてエドワードは、ブラッドフォードに住むある家族と接触がとれたところです。そこでは、エルシーという少女とその従姉妹のフランシスがしょっちゅう森へ出かけて行き、妖精《フェアリー》たちと遊ぶというのですが、エルシーの両親は少女たちの言うことを信ぜず、戯れ言だからと相手にしていませんでした。ただ、エドワードのインタビューに応じた伯母に当たる方は、少女たちに同意していたそうです。少し前にエルシーは、妖精たちを写真に撮りたいと言い、父親にカメラを貸してくれるようねだりました。父親は長いことだめだと突っぱねていましたが、なんとかしてエルシーは、カメラと乾板を一枚、借りることができました。エルシーとフランシスは、すぐに滝の近くにある森まで行きました。フランシスは妖精を「おびき寄せ」（彼女たちはこう言うのです）ると、エルシーはカメラを構えて立っていました。間もなくして妖精が三人現れ、一人のピクシーがフランシスの放つオーラの中で踊りだしました。エルシーはうまく映っていますようにと願いながらシャッターを切りました。父親はすぐにはその写真を現像してくれなかったのですが、いざ現像してみると、なんと驚いたことに、写真には四つの可愛らしい妖精の姿があざやかに現れたのです。

エドワード・L・ガードナー

エドワードは写真の原板を借りると、模造品はたちどころに見抜くという写真の専門家のところに持っていきました。鑑定する前には専門家も偽物と疑っていましたが、鑑定後には、その場で写真に一〇〇ポンド払ってもいいと言いはじめました。専門家が、写真はまさに正真正銘の本物であり、申し分なく注目に値すると断言したのです。

エドワードはその写真を大きく引き伸ばし、自分の家の広間に掛けています。彼はその写真にたいそう魅せられており、できるだけ早く少女たちに会おうとブラッドフォードに行く予定でおります。

このことを貴方さまは、どうお考えでしょうか。

エドワードは、妖精たちは「羽根のある」昆虫などと同じ進化の路線上にあると言っています。私には兄の理論をみんな理解することはできませんが、貴方さまにとっては、きっと興味深いことと思います。貴方さまが、その写真とそれから少女が風変わりなゴブリンと一緒に遊んでいるもう一枚の写真をご覧になれたら、と思っています。

この手紙で希望を抱いた私は、あらためて問題の写真を探ってみようと思った。写真は二枚あること、そしてそれが検査のために、当の家族の友人であるブロムフィールド女史のところに送られていることを知った。

そこで、私の調査の矛先は、ブロムフィールド女史のほうに向けられた。そして尋ねる手紙を送ったところ、次のような返事を受け取った。

「マートルズ」ベッケナム
一九二〇年六月二十一日

拝啓

二枚の妖精の写真を同封いたします。まったくもって興味深い写真ではありませんか。私の従兄弟もきっと、貴方さまにこれをご覧いただいて、喜ぶにちがいないと思います。ですが彼は、どんな方法であれ、今のところその写真を使いたくはないと申しております（あとから手紙で念を押してきました）。彼には、写真について何か計画があるのでしょう。また、彼のものになるとは思えませんが、写真の著作権を現在申請中です。彼はまだ自分の調査を終えていないのです。では私自身が写真を複写して焼き増し、関心を持っている友人たちに渡してもさしつかえないかと尋ねましたところ、今のところはむしろ何もしないでほしい、と返事がありました。

従兄弟は現在、家を留守にしているものと思います。彼の名はエドワード・L・ガードナーといいます。彼はブラヴァツキー・ロッジという神智学協会の一支部長で、モーティマー広場にあるモーティマー・ホールで、頻繁に講演を行っております。数週間前、彼はそこで講演をしたとき、スライドで妖精をスクリーンに写し出し、それについて知っていることを話したそうです。

敬具

E・ブロムフィールド

この手紙には、本書に掲載した注目すべき二枚の写真が同封されていた。一枚は踊るゴブリンを写したもの〔口絵写真B参照〕、もう一枚は輪になって踊る森のエルフたち〔口絵写真A〕である。掲載写真のそれぞれには、主眼点として注釈を付けておいた。

私はもちろんのこと、その驚くべき写真を見て嬉しく思った。ブロムフィールド女史には返事を書き、彼女の好意に謝意を述べるとともに、これらの写真が正真正銘の本物であることを証明するために、本格的な調査がなされるのが望ましいと提言した。もしそれが立証されれば、ガードナー氏がこの発見を世間に公表するときには、氏の手助けをさせていただきたいと言ったところ、彼女からは次のような返事があった。

「マートルズ」ベッケナム
一九二〇年六月二十三日

拝啓　アーサー卿

貴方さまがあの妖精の写真をお気に召されたのは、嬉しいかぎりです。

できますことなら、何でも貴方さまのお手伝いを申し上げたいところですが、私にできることはほとんどないのです。もし写真が私のものであったなら（原板のことです）、著作権の問題もありませんから、些細な情報であれ、喜んで公表していただでしょうが、現状では、従兄弟エドワード・ガードナーにお伺いを立てる必要があるのです。

彼も本当はこのことを世間に知らせたいのだと思います。けれども以前にも書きましたように、私にはエドワードがどのような計画を立てているのか、またその準備が整っているのかどうかも、よくわからないのです。

先日お便りしてから、もしや従兄弟の妹の住所を貴方さまにお知らせしたら、事は好転するのではないかと考えました。彼女はとても感受性が強く、同時に実務向きの人でもあります。その思いやりある性格と実務能力を生かして、福祉事業にも従事しており、とても成功しているのです。彼女は妖精の写真を、まったく正真正銘のものと信じています。

ところでエドワードですが、彼は賢くて立派な人物です。生命のあらゆる事柄に関する彼の明証は、正確でかつ的確な判断力からなされていますので、間違いなく彼を知る人々は、等しく彼の発言をいちばん信頼に値するものとして受け止めていると、私は考えています。

こうした細かいことに、貴方さまが退屈なさらないとよいのですが。私は、あの写真をいわゆる「発見」した人々についてお知りになることが、貴方さまが事件の発生源へと一歩でも近づくのに、おそらく何らかの手掛かりになるのではないかと思ったのです。

私には、あれが偽物や悪ふざけであるとは思えません。けれども最初に見たときは、あれは見た目そのままの写真ではなく、何か裏があるにちがいないと思いました。なにしろ本物であるにしては、あまりにもよく出来すぎているからです。ところが細部の話を聞くにつれて、次第に私は、写真は本物なのだと確信を深めていきました。と言いましても、私が知っておりますのは、エドワードが私に語ってくれたことだけなのですが。

彼は同じ少女たちから、もっと多くの情報を手に入れたいと申しております。

敬具

E・ブロムフィールド

ほぼ同じ時期に、私はこの事件を知っている別の女性から手紙を受け取った。それにはこうあった。

ノース・ウエスト　ハイゲート道路
クロフトダウン通り29
一九二〇年六月二十四日

拝啓　アーサー卿

貴方さまが妖精に興味がおありだとお聞きして、たいへんに嬉しく思っております。もし本当に妖精たちが写真に撮られたのならば――そう信じるだけの理由は十分あるようですし――この出来事は新世界の発見にほかなりません。

拡大鏡を使ってその写真を検証したのですが――私は画家ですので――妖精たちの手が私たちのものとは同じではないと言ってさしつかえないと思います。小さなその姿は、ほかの部分はとても人間に似ていましたが、手はこんなふうに見えました（魚のヒレのようなスケッチが描いてある）。その小さなノームのあご髭は、私にはある種の昆虫の付属肢のように見えますが、霊視能力者が見たら間違いなく、あご髭だと言うことでしょう。

妖精たちが白っぽいのは、彼らが影を持たないせいではないかと私には思えます。そして写真がどこか人工的で平たく見えるのは、そのことで説明がつくのかも知れません。

敬具
メイ・ボーレイ

この目で写真を見て、またガードナー氏がたしかな精神と人格で定評のある堅実な人物であることを知ったので、私はさらに確信を増していた。

私はガードナー氏に手紙を書いた。私がどうして彼を知ったかその経緯を述べ、この事件の全貌にいかに興味を抱いているか、そして手遅れにならないうちに自由な調査が行えるようにするためには、事実を公表することがどんなに重要に思われるかを伝えた。この手紙にたいして、私はガードナー氏から次のような返事をもらった。

ノース・ウエスト10　ハールスデン
クラヴェン通り5
一九二〇年六月二十五日

拝啓

二十二日付の興味深い貴方のお手紙が、ちょうど私のもとに届いたところです。喜んで、できるかぎりお手伝いをさせていただきたく思います。

妖精写真に関する話はいささか長いもので、私自身、注意深く筋を追っていって、どうにか全貌をつかんだばかりなのです。なにしろ例の子供たちは、たいへんな恥ずかしがり屋で控えめなものですから。

少女たちはヨークシャー地方に住む修理工の家族の一員で、赤ん坊の頃から村の近くの森で、フェアリーやエルフと遊んでいたというのです。ここでは事の次第は述べません（しかしながら、おそらく私たちはこの件でいずれお目にかかることになるでしょう）。

ようやく機会を得た私は、上手とは言えないその写真を一目見て、たいへんな感銘を受けました。そこでお願いして、原板の実物を手に入れたのです。これらの原板を、私は二人の第一級の写真の専門家に依託しました。一人はロンドンに、もう一人はリーズ（ヨークシャー）に住んでいます。

ロンドンの専門家はこうした事例には、あまり馴染みのない人でしたが、原板は正真正銘の本物であり、偽物ではないが、なんとも説明がつかないと判定しました。

リーズの専門家はこうした類いの事件を知っています。彼は「心霊現象」のまがい物を見抜くのに幾度か手助けをしてくれたことがあるのですが、やはり写真は偽物ではないと請けあいました。そこで、私はさらに調査を続けることにしたわけです。私はもっと多くの写真を入手したいと切望しているのですが、目下のところ、例の少女が二人一緒にいられるよう手配するのは難しいのです。彼女たちは十六、七歳で、今は働きはじめており、二人は数キロ離れたところにいるのです。なんとかして二人を会わせ、入手した二枚とは別に、また違った妖精写真を手に入れるのも、あるいは可能かも知れません。

写真に映っている自然の精霊たちは、まだ個性が発達していない状態の種類ですから、私としては、より進化した精霊の写真をぜひ手に入れたいものです。

しかし、ご存じのとおり、この二人のような子供たちは、今のところ稀な存在なのです。私たちはすでに遅れをとっているのではないかと気に病んでおります。それというのも、避けることのできない事態が今にも起こるだろうと思うからです。少女たちのどちらかが「恋に落ちたら」、そうしたらそのときは――ああ、急《プレスト》ぎ《!》ましょう。

話は変わりますが、私は金銭問題は避けたいと切望しております。今回の件はうまくいかないかも知れません。ならばなおのこと、金銭問題を介入させたくはないのです。
私たちは、「真理」のためにしているのです。その道を金銭で簡単に汚すことはないのです。私に関して言えば、提供すべきものはすべて貴方にお渡しいたしましょう。

敬具

（署名）エドワード・L・ガードナー

手紙を読んで、私はロンドンに出向き、ガードナー氏に会った。彼は物静かで、分別があり、控えめな人物だった。つまり、少なくともひどく興奮しやすかったり、空想的だったりするタイプではなかった。ガードナー氏は、きれいに引き伸ばされた二枚の見事な写真を見せてくれ、別章の記述にまとめた、多くの情報を提供してくれた。

そのときまでガードナー氏も私も、少女たちに実際に会ったことはなかった。そこで私たちは、事件の調査について、ガードナー氏が人物の方面を担当して取材し、私はその成果を考察してそれらを文章にしていくということを取り決めた。またガードナー氏はなるべく早くその村を訪れ、事件に関係のある人物すべてに面識を持とうと決めたのである。

とかくするうちに、私は幾人かの友人にその写真を、時には原板を見せた。そうした人たちはみな、心霊現象《サイキック・マター》に関して尊重できる見解をもった人々であった。

そのうちの一人、オリバー・ロッジ卿は、この道の第一人者だった。私はアシニアム・クラブのホールで、妖精の写真を彼の目の前に置いた。今でも、その写真を見たときの彼の驚きと関心に満ちた顔付きを、思い描くことができる。

持ち前の注意深さで、ロッジ卿はその写真を額面どおりに受け入れることをしなかった。まずカリフォルニアのクラシック・バレエのダンサーたちの写真が撮られ、それがイギリスの田舎の風景の上に、二重焼きされたのだという説を述べた。私は写真の出所を辿っていき、間違いなく労働者階級の二人の子供に行きついたが、そのような写真のトリックは、そうした子供たちにはとうていできないだろうと主張したが、彼を納得させるには至らなかった。それどころか、今でもロッジ卿がこの事件について、真剣に考えていたとは思えないのである。

もっとも熱心に批評した人が、心霊主義者《スピリチャリスト》のなかにいた。彼らにとっては霊魂が人間の肉体からかけ離れたものであるように、霊魂からかけ離れて新しい生命が存在するというのは、馴染みのない理法だった。当然のこととして彼らは自分たちが介入することで、問題の多い心霊論争を、もっと複雑にしはしまいかと危惧していた。

そのうちの一人、ここではランカスター氏という名前で呼ぶことにしよう。散文家の彼は、その習熟した職業的な経験と、霊視能力や霊聴能力を含む少なからぬ超能力《サイキック・パワー》を、度はずれたパラドックスで結びつけてしまう人だった。氏は自分の目でこれら「小さな人々《リトル・ピープル》」をしばしば見たことがあると主張し、私はそれ故、彼の意見を重要視したのだった。

この紳士には霊の案内人がいて（懐疑論者のふくみ笑いに、私は異論はない）、氏はその案内人に質問をした。その回答からは、心霊の力を借りた調査方法（交霊現象）に付きものの長所と短所の両方がわかった。ランカスター氏は一九二〇年七月に私に、次のような手紙を書いてきた。

『写真について』（Re Photographs）、考えれば考えるほど、私はそれが気に入らなくなっていきます（それとは、パリ風のコイフ〔耳までぴったり包む頭巾〕を被った妖精が一緒に映っている写真のこと）。

私の霊の案内人が言うには、その写真は髪を後ろに撫でつけた、背の低い白人の男が撮ったということです。その男はたくさんのカメラがあるスタジオを所有し、なかには「ハンドルで原板を一枚ずつめくる」ことができるカメラもある。男は心霊主義者たちに無価値なまがい物を売りつけるために、それをこしらえたのではなく、妖精の話の作者である写真の中の少女を喜ばせるために、挿し絵を描くようにその写真をこしらえたのだそうです。彼は心霊主義者ではないが、この写真を見てだれかが騙されれば笑うでしょうというのです。

男は私たちの近くには住んでいません。居場所は私たちのいるような家々が一直線に並んでる場所ではなく、無造作に建っているような所だというのです。一見したところ男はイギリス人ではないようです。場所はデンマークかロサンゼルスと考えられると思います。真偽はさておき、案内人の人相書によるとこんなところです。

問題の写真に、素早い動きをしている人々をはっきりと写すには、特別なレンズが必要でしょう。少なくともF四・五の絞りで作動する必要がありますし、そんなレンズは少なくとも五〇ギニー〔現制度で約五〇ポンド〕はするにちがいありません。職人の家の子供たちが手動カメラにそのようなレンズを付けているとは、だれも想像できないでしょう。しかし、背景の滝はシャッタースピードのせいでブレており、少なくとも露出が一秒であることは間違いありません。私は何でも疑う人かも知れませんね！

先日、案内人が私に告げました。万が一私が天国に手が届くような場合には、(a)カード式の天使の目録を作りはじめるだろうし、また、(b)地獄からの侵入者がある場合に備えて、身を守るために射撃場でライフルを撃つことを始めるだろうと。
これは、私を知っていると言い張る人々の手にかかった、望ましくない私の世評なのです。私の行う批評は、あら探しと見られて価値が下がるにちがいありません――いずれにせよある程度までは。

こうした霊の反応とお告げは、暗《やみ》でもガラスの中が見える者からの言葉のようであり、真偽が奇妙に入り混じっている。

私はガードナー氏にこのことを伝えて意見を求めてみた。するとガードナー氏は、厳密に解説することを私に請けあったのである。その原板を操ってさまざまな検査を施し、写真を焼いて引き伸ばしたスネリング氏とその周囲の人たちの言ったことについて、詳しく説明することも約束した。ランカスター氏の案内人に強い影響を与えたのは、この中間地点での出来事であって、事件のそもそもの発端ではなかったのだ。もちろんこうしたことは、一般の読者には何の立証にもならない。しかし私は今、とりあえずあらゆる記録をテーブルの上に並べようとしているのである。

ランカスター氏の見解は、私たちのあいだで非常に重みを増した。そこで私たちは、真実に辿り着くためには、考えられるかぎりの労苦は少しも惜しまぬことが必要だと強く感じ、原板を新たな検査のために、専門家に預けたのである。検査の詳細は以下のガードナー氏の手紙に見られよう。

ウエスト10　ハールスデン
クラヴェン通り5
一九二〇年七月十二日

拝啓　アーサー・コナン・ドイル卿
　貴方からのご親切なお手紙と、コダック社からの検査結果は、たしかに拝掌いたしました。その後の進展の模様をお知らせいたします。

　一週間前のことです。貴方がランカスター氏の霊の話を伝えてくださったあとのことですが、前回も十分調べたとはいえ、より細心に原板を再検査してみようと考えました。そこで私は、ハロウに住んでいるスネリング氏を訪れ長時間話し合いました。私は写真がどこをとっても確実なものであることがいかに重要なことなのか、氏にあらためて強調してきたつもりです。

　前に申し上げたと思いますが、スネリング氏はオートタイプ・カンパニーやアイリングワース社の大きな写真工場などと、三十年以上も専門で広範囲にわたる関係を持つ方で、氏自身も、屋外やスタジオ内で撮った写真など見事な作品を発表しています。氏は最近、ハロウにあるウィールドストーンで仕事を始めましたが、そちらも順調にいっています。

　二つの原板についてのスネリング氏の報告は、肯定的でしかも決定的なものです。氏によれば、次の二つの事柄が確実なのだそうです。
　(1)一回のみの露出であること（二重撮りでないこと）。
　(2)「一瞬」の露出のあいだに、すべての妖精たちの姿が動いていること。
　紙や厚紙の人形であることはないかとか、背景や色彩はどうかとか、また現代のスタジオ技術に関することなど、その種のあらゆることを執拗に質問しましたところ、氏は資料として参考にした原板やプリントを見せて、妖精写真との違いを指摘し、論証をすすめてくれました。氏はまた、少なからぬ経験のある者ならだれでも、原板の暗くなった背景や二重写しはたちどころに見抜くことができる、と付け加えました。また自分で撮ったたくさんの飛行機の写真で示してくださったのですが、被写体の動きを見分けるのは、簡潔明瞭なことだったのです。

私はスネリング氏にご指摘いただいたことを、ぜんぶ理解したとは申しませんが、彼のお蔭で納得できた先の二点を合わせて考えれば、これまで優位だった異論は、すべて払い除けられるように思うのです。この二点について、氏はすすんで陳述するつもりでおられますし、その信憑性には、ためらうことなく自分の評判を賭けるとまで言われています。

私は次の水曜日から二十八日まで一日か二日、ロンドンを離れビングリーに行き、その場で調査してまいります。二週間かそのくらいのあいだ、貴方が二枚の原板をお持ちになるというのは、いかがでしょうか。気をつけて梱包しますので、郵送しても大丈夫でしょう。もしご自分の手で原板を扱うのはどうもとお考えでしたら、原板は私のほうからコダック社のウエスト氏に送るつもりです。あるいはウエスト氏のところに原板をお持ちになってください。貴方がおっしゃるように、氏が直接かつ幅広い実践経験をお持ちであるなら、氏の意見は拝聴するに値する、と考えるからです。

確信は私のなかにずっとあったのですが、先日スネリング氏にお話をうかがってから、それはさらに深まっています。今は、事の全貌をつかみたいと思うばかりです。

敬具

エドワード・L・ガードナー

このメッセージを受け取り、二枚の原板を手に入れたあと、私はその原板を持って、キングズウェイにあるコダック社の事務所を訪れた。そこで私は、ウエスト氏と、社の別の専門家に会った。彼らは乾板を念入りに検査したが、二人のうちいずれも、二重写しやほかのトリックの証拠を見つけることはできなかった。一方で二人は、もし自分たちが、持っている知識や力量を総動員して作業すれば、こうした写真は平常のやり方でも作れると考えており、したがってこの写真が、超自然的なものである、とは断言しかねるという意見だった。

もちろんこうした見方は、写真の技術上のことだけなら、まったく道理にかなったことだが、こうした論法は、むしろ訓練された手品師たちが何もないところから、ある心霊現象に似た成果を生みだせるからといって、霊媒も奇術を使っているにちがいないとする、古い懐疑的な反心霊論者の論拠と同じように思えてならない。

そうした質疑が向けられねばならぬのは、写真それ自体ではなく、むしろその写真を撮った少女たちの性格や周囲の人々であるのは明らかである。私は彼らと直接かかわりを持つためにすでに動きはじめており、年長の少女のほうに本を一冊送っておいた。すると父親から、次のような短い返事を受け取った。

ビングリー　コティングリー
メイン・ストリート31
一九二〇年七月十二日

拝啓　ドイル卿様

貴方さまから頂いたお手紙に、すぐに返事をお出ししなかったこと、またご親切にもエルシーにすばらしい本を送っていただいたことへのお礼が遅れましたことを、どうかお許しください。娘は本を頂戴したことを、たいへんに感謝しております。私どもも、貴方さまが娘になさってくださったご厚意に、たいへん感謝いたしております。ご本は先週の土曜日の朝、私たちが休暇で海岸へ出かけてから一時間後に届いたとのことです。そのため私たちは、昨夜になるまで受け取れなかったのでした。

ガードナー氏からのお手紙も、ちょうど一緒に届いておりました。氏はこの七月末に、私たちに会いに来たいとの申し入れがありました。私どもはその際に、あの写真につきましてご説明申し上げたいと存じております。お会いするのが待ち遠しいかぎりでございます。

敬具

アーサー・ライト

私たちが彼らともっと積極的に知り合いになる必要があることは、はっきりしていたので、この目的のためにガードナー氏は北部（コティングリー）に出発し、写真が撮影された場所で実地検分をしながら、家族全員に会見した。氏の取材旅行の結果は、私が雑誌「ストランド・マガジン」誌に公表したので、事件全体を網羅する記事は次に紹介する。ここにはガードナー氏がヨークシャーから戻って、書き送ってくれた手紙を付け加えておく。

ノース・ウエスト10　ハールスデン
クラヴェン通り5
一九二〇年七月三十一日

拝啓　コナン・ドイル卿

貴方のお手紙を手に、この一時間ほどで整理した結果をまとめて、すぐさまこの手紙に取りかかっております。急いでおられることと思いますので、一刻も早くお手許に届きますように、なるべく簡潔に述べます。適切と思われるところだけお使いください。原板、四つ切、ハーフサイズ、引き伸ばした写真、それに幻灯機用のスライドもここに用意しました。

また火曜日には、私が撮ってきた現地の谷の写真と、妖精の写真の背景となった場所の写真二枚、そして一九一七年に、二人の少女が自宅の裏にあたる小川《ベック》で、靴も靴下も脱いで遊んでいるところを撮った写真も手に入る予定です。エルシーが長い指の手を見せている写真もあります。

ご指摘のあった四つの問題点については、以下のとおりです。

(1)これらの写真に関しましては、私が良かれと思ういかなる方法で使用してもよい、という使用許諾を得ております。写真を出版物に掲載することに関しましても、すでに承諾を得ております。ただし氏名と住所は公表しないことが唯一の条件です。

(2)イギリスとアメリカ用の複製は、準備してあります。

(3)コダック社とアイリングワース社は、証言を渋っております。もちろん前者についてはすでにご承知のとおりです。アイリングワース社は、しかるべきスタジオで彩色と造形の技術を使えば、同様の原板が作製できると主張しています。

また別の会社の専門家は、こういうモデルで作製したかもしれないと、断定してかかりましたが、私はちゃんと現地を見たのですから、まったく見当違いです。

しかし、どの会社も、どんな形であれその見解を公表することに応じませんでした。最終的結論は（スネリング氏の意見は別として）、あのような写真はスタジオの作業でも作ることが「可能」である、しかしあの一連の原板には、そうした作業の「可能性」の痕跡は見つからない、というところです。

(4)私の報告書は同封いたしました。どうぞご自由にお使いください。

エルシーの父親のアーサー・ライト氏からは、とてもよい印象を受けました。ライト氏は、今度のことをまるで隠しだてしませんでした。自分が置かれた立場についてこう話しました――自分にはよくのみこめないのだが、ただあの日、ミッジ・カメラに乾板を入れてやったのも、その乾板を抜いてやったのも自分であることははっきりしている、というのです。氏の仕事は、近所の屋敷の雇われ電気技師です。頭がよく知的で、性格は開放的で正直、といった印象です。ところで私は、一家から心のこもった持てなしを受けたのですが、それには訳がありました。数年前、ライト夫人は神智学の会に出て、このことがのちの夫人に良い結果をもたらしているというのです。また夫人は私が神智学協会に関係があるのを知っており、それが私にたいして信用を抱かせたのでした。以上のようなわけで、私はいささか戸惑うほどの、非常に手厚い持てなしを受けたのです。

ところで、ランカスター氏の霊の案内人は、純真で愛すべきスネリング氏とぶつかったようです。夕べ気がついたのですが、氏は実に霊の案内人が述べたあの人相書に一致しているのです。実際のところ氏は、貴方がお持ちのプリントから、新しい原板を作製したのですし、その部屋たるや、写真の現像に使う装置とかハンドルのついた奇妙な機械などであふれているのです。

敬具

エドワード・L・ガードナー

事の解明をするに際し、私たちが軽率や性急になったり軽信的になったりせず、この道しかないとの判断のもとに、きわめて良識的な過程を踏んできたことを、読者の方々は認めてくださることと思う。真実を探し求めるのに偏見を持たず、このまま追求する決心で、いっさいを公けにしている。もし私たちに気づいていない間違いがあるなら、どうぞその誤りをご指摘いただきたい。また、次の章で扱う「ストランド・マガジン」誌の記事中に、この章ですでに述べた論拠と重複する箇所があることを、あらかじめここでお断りしておきたい。

第2章　最初に発表されたもの

（「ストランド・マガジン」誌、一九二〇年クリスマス号）

ここに述べる事柄と掲載した写真が、各方面に巻き起した批評に揺らぐことなく持ちこたえて、存在の証しを立てることができれば、それは人類の思想史上に、一新時代を画すことになると言っても、けっしておおげさではないであろう。一般の方々の検討と判断を仰ぐ目的で、私はその証拠をすべて公けにする。

では事実が一点の曇りもなく立証されたと考えているか、と問われたなら、私自身正直言って、できることなら最後の一抹の疑念を取り除くために、公平無私な証人の前で同じことを再現して見せられたなら、という気持ちはぬぐえない。しかし同時に、それが難しい要求であることも承知している。なぜならそれは、めったに起きないことを要求することだからである。しかし、最終的でまた絶対的な証拠ではないにしても、とかく起こりがちな誤りの可能性も注意深く考慮し、それを排除した上で、私は一応、事件にたいする「立　証《プライマ・フェイシ》」は確立されたと考えている。「偽造《フェイク》」だという声ももちろんあがるだろうし、二人の少女をはじめ、写真の撮影にかかわった人や場所を知る機会のなかった人たちは、おそらくそうした印象を強くもつであろう。写真そのものに関しては、さまざまな異論がある場合を考慮して、その一つ一つに適切に対応した。紹介する二枚の写真は、言わば運命を共にしているわけで、両方とも偽物か、両方とも本物か、そのいずれしかないわけである。だがすべての情況はおおかた後者（本物）に傾いており、このひじょうに新しい出発になるかもしれぬ出来事にたいしては、万が一にも抜け穴がないように、考えられるかぎりの証拠を得ておく必要があると思った。

今年（一九二〇年）の五月頃のことであるが、人類思想史の分野で著名なフェリシア・スカッチャード女史から、イングランドの北部で妖精写真が二枚撮影されたこと、それらは「偽造」された可能性がないといった旨の情報を入手した。こうした情報は、私に強い興味を抱かせた。そのとき私はちょうど妖精に関する記事を書くための資料を収集しており（現在はほぼ完了した）、肉眼でそうした小さな生きものを見たと言う、驚くほど多くの人たちの体験記を集めていたので、なおのこと心がときめいた。入手した体験記には名前も付記し、証拠としての条件は細大もらさず備えてあり、到底作り話と決めつけられないものばかりである。しかし生まれつき懐疑的な性向のある私は、妖精と言われているものが、千里眼をもった人の想像や期待から生まれる「想念体《ソート・フォーム》」ではないことを、自分ではっきり確信できるような具体的な何かが必要だ、と痛感していたところだった。そんな私にとって、この二枚の妖精写真の噂は、おおいに興味をそそるものだった。そこで女史に始まり、一人また一人と情報提供者を辿っていくうちに、ついにエドワード・L・ガードナー氏に辿り着いたのである。氏は神智学協会《セオソフィー》の実行委員会の一員であり、超自然現象の講師として著名な方である。これ以来、氏は私にとって、敬愛する共同研究者となったのであるが、今回の功績は氏に帰するところ大であると言えよう。

その頃はまだガードナー氏も、事件の全容は把握していなかったのだが、すでに入手していた資料と情報のすべてを、自由に使用することを許してくれた。当時、私は二枚の写真を見ただけだったので、氏が本物の原板を持っていること、しかも二人の写真の専門家が、プリントではなく原板から写真が本物であると結論づけていると知って、おおいに安心した。専門家の一人はスネリング氏（ハロウ、ウィールドストーン、ザ・ブリッジ26）である。そうした経緯については、ガードナー氏自らが発表する予定なので、ここではその時点で、すでに氏が問題の家族と、直接に友好的な接触を得ていたことを述べるだけにしておこう。その家族をここでは「カーペンター家」という仮の名で呼ぶことにし、住所も公表しないことにする。公表すれば取材や問い合わせが殺到し、ご家族の生活に迷惑がかかることはわかりきっている。同時にまた、匿名という条件を守るかぎりでは、どんなに小さな調査団であっても、自力で事を解明しようとするなら、何の問題もないだろうと思うからである。ともかく、現時点では、ウエストライディング、デールスビー村のカーペンター家とだけ呼んでおこう。

さて本題に入るが、入手した情報によれば、その二枚の妖精写真を撮ったのはカーペンター家の娘アイリス（仮名・当時十六歳）と、従姉妹のアリス（仮名・当時九歳）で、およそ三年前であり、一枚は夏、二枚目は初秋のことだったという。その経緯はこうである。父親はこの種の話を信じないタイプだったが、娘が従姉妹とよく遊びに行く森に妖精がいて、今ではもうすっかり仲良しになっているという話をしきりにするので、せがまれるまま、カメラに原板を一枚入れて手渡した。それを現像した夜、父親は、エルフたちが踊っている姿が映っているのを見て驚いた。写真の中でこの小さな遊び相手を見ているのは従姉妹のアリスで、シャッターを押すチャンスを目配せで教えたのだという。それから二、三か月後には、年長の娘のアイリスが、奇妙な姿をしたノームと一緒に映っている写真が撮れた。話によると、渋る父親がいよいよ現像してくれることになったその夜、少女たちは興奮のあまり待ちきれず、アイリスは父親が作業を始めている暗室へ入りこんでしまった。そして現像液の中に少しずつ浮かびあがってくる被写体の中に妖精が映っているのを確認したとき、アイリスは、ドアの外で息を殺して待っているアリスに向かって、「アリス！　アリス！　映ってるわよ、あの妖精たちが、本当に映っているわよ！」と大声で叫んだという。子供たちの勝利だった。ほかの大勢の子供たちと同様、本当に妖精を見たと言っても、疑い深い大人たちから一笑に付されてきたが、この二人は勝ったのである。

(父親は、近くの工場で信望を得ている技術者である。近隣の人たちと親しく、みなから敬愛を受けていた。教養豊かな家庭であることは、カーペンター夫人が神智学の教えを学びその恩恵にあずかっており、そのことが家族とガードナー氏の友好を深めるきっかけになったという事実からもうかがい知れよう。手紙のやり取りもそこから行われるようになり、それらの手紙はどれも率直で正直さにあふれ、なかにはこの件が騒ぎになるかも知れないという戸惑いの心情を綴ったものさえあった。

以上が、私がガードナー氏と面識を持ってから知ったおおよその経緯であるが、もとよりこれだけでは充分とは言えない。事実そのものにもっと肉迫しなくてはならない。そこで私は、妖精写真の原板をコダック社へ持っていき、二人の専門家に見せたのである。すると二人は、原板に人工的な細工の痕跡は何一つ見つけることができなかったが、しかしそれが正真正銘の本物であると証言することは拒否した。余計なかかわり合いを避けたかったのであろう。また、アマチュアであるが経験豊富なある写真家は、妖精たちがみな手の込んだパリジェンヌ風の髪型をしていることを理由に、創作ではないかと言った。別の写真会社、気の毒なので社名は伏せるが、その技師たちは、背景が劇場の小道具で出来ているつまらぬまがい物だと決めつけた。

しかし何より頼りになったのは、スネリング氏の誠心誠意の支持だった(氏の言葉は本章の後半で紹介する)。さらに氏が、撮影の経緯が調べた報告どおりだとすると、小さな村の幼い写真家が、写真工場と技術とを備え、ロンドンの第一級の専門家にも見破れぬほどの偽写真を制作したことになるが、これは絶対にあり得ない話だという見解を述べてくれたので、大いに元気づけられた。こうした事情のもとで、ガードナー氏自ら現地へ赴いて取材することになった。私も同行したかったが、オーストラリアへの出発を目前にして、その仕事の準備に追われて余裕がなかった。ガードナー氏の取材報告を次に挙げよう。

ノース・ウエスト10　ハールスデン
クラヴェン通り5
一九二〇年六月二十五日

イングランド北部で見事な妖精の写真が撮影されたという話を知ったのは、今年のはじめだった。少し調べていくうちに、その写真を撮った子供の名前と住所、そしてその写真を入手することができた。その後、その家族と文通が始まった。家族は気さくな方々で協力してもらえそうな印象を受けたので、私は原板をお貸し願いたいと申し出た。すると数日後に二枚の手札判の乾板が郵送されてきた。一枚は鮮明に映っていたが、もう一枚は露出不足だった。

いずれにしても、二枚ともまさに驚異と言ってよいものだった。というのは二重写しとかその他のどんな人工的な細工の痕跡もなく、どう見てもごくふつうの方法で撮ったものだったからである。私はさっそく自転車で、三十年の実践的な経験をもつ写真家のもとへそれを見てもらいに行った。この人の意見なら信頼がおけると信じていたからである。着くとすぐに私は、何の説明もせずにその原板を渡し、どう思うかと尋ねた。彼は妖精写真の原板を念入りに点検したあとで、驚嘆の言葉を連発した。「こんなすごいものは見たことがない!」「露出は一回きりだ!」「妖精は動いている!」「まいりましたな。これは本物ですよ。いったいどこで手に入れたのですか?」

その後、引き伸ばしをしてさらに入念な検査が行われたことは、付け加えるまでもない。それでもこの写真にたいする彼の見解は変わらなかった。私は原板を大切に保管するための処置として、その場で原板から二枚のポジを起こし、出来上がった新しい原板に増感処置を施してもらい、それをこれからの焼き増し用の原板にすることにした。本物の原板は今も私のところにそのまま保管されている。焼き増し用とスライドも何枚か用意してもらった。

五月にはロンドンのモーティマー・ホールで講演があったが、別のモチーフのスライドにまぜて、このスライドも公開してみた。妖精写真とそれにまつわる興味深い話のお陰で、講演はたいへん大きな反響を呼んだ。

それから一週間あまりのち、アーサー・コナン・ドイル卿から、写真についての問い合わせが届いた。友人の方から情報を得られたらしかった。その手紙から話が発展して私たちは会見し、話し合いの結果、なるべく早く結論を出すべきだということで意見が一致した。私は別件で九月にイングランド北部を訪れることになっており、その際に写真がどういう経緯で撮られたのか、個人的に調査するつもりでいたが、その予定を繰り上げた。実は、本日七月二十九日に、私はかつてないほど驚きの連続だった実り多い取材旅行から、ロンドンに帰ってきたばかりなのである。

時間に余裕があったので、この旅行に先立って、何人かの写真の専門家にも意見を求めた。しかしそのうち一、二の反対意見があった。偽物だという意見は一つもなかったが、彩色した造形を使えば、スタジオ内での作業でも同じ程度の原板が作れると言う者が二人いた。さらに最初の写真**［口絵写真A］**では、年少の少女がシダとコケで盛り上がった台地の後ろに立っているが、そんな所にキノコが映っているは不自然であるとか、ノームの写真**［口絵写真B］**では少女の手の指が長すぎて本人のものではないようだとか、衣装の陰影に不審な点がある、といった指摘もあった。

確かにその一つ一つが大切な問題点であることは事実である。私はできるかぎり偏見を持たないで北部の村へ行ったのだが、万が一にも虚偽の点があるなら、今回の現地調査でそれらを暴いてしまう覚悟であった。かなり長い旅の末に、ようやくヨークシャー地方の古風で趣のある村に着き、問題の家を見つけたが、その家では手厚く迎えられた。C夫人（カーペンター夫人・以下C夫人）とI嬢（アイリス＝写真でノームと遊んでいる少女・以下I嬢）が在宅しており、ご主人も間もなく帰ってこられた。その家に着いて三十分も経たぬうちに、私は二人の少女が妖精とよく遊んだという、家のちょうど裏にある魅力ある渓谷へ足を運び、専門家たちから出されている問題のいくつかを点検した。A嬢（アリス・以下A嬢）が靴も靴下も脱いで立っていた谷の小川《ベック》の写真の現場もそのままだった。例のキノコ（トッド・ストール、カエルのコシカケ）は同じ大きさのものがそこら中に生えており、ごく当たり前に生長していた。ではI嬢のあの長い指は？　実はそのことを口にしてみたところ、彼女は笑いながら「あまり人に言わないでね」と言って手を差しだした。本当に人より長いのであった。案内された地点に足を置いて立ってると、写真にあった一つ一つの特徴を確認することができた。そのあと、このたびの一連の写真について知り得るかぎりの情報を入手しておこうと、細かい点まで取材した。簡潔にするために、以下のように箇条書きにする。

・**使用カメラ**：「ミッジ」・手札判用。
・**乾板**：インペリアル・ラピッド。
・**妖精たちの写真**：一九一七年七月に撮影。上天気で暑かった。時刻は三時頃。距離一メートル二〇センチ。シャッタースピード五〇分の一秒。
・**ノームの写真**：一九一七年九月に撮影。天気は良好、だが先の写真のときほどでない。時刻は四時頃。距離二メートル半。シャッタースピード五〇分の一秒。

・Ｉ嬢は当時十六歳、従姉妹のＡ嬢は九歳：ほかに撮った何枚かはよく映らなかったため、乾板は残っていない。

・色彩：妖精の色は薄いグリーン、ピンク、フジ色。胴体より羽根のほうが濃い。胴は薄く白に近い。ノームは黒のタイツに赤茶色のジャージ、赤のトンガリ帽子を被っていた。左手に持った一対の二本笛を振り回しながらＩ嬢の膝に乗ろうとしたところをシャッターを押した。

従姉妹のＡ嬢がたまたま遊びに来てしばらく滞在していたあいだの出来事で、このあと彼女はすぐに家に帰った。Ｉ嬢が言うには、妖精の「写真を撮る」ときは、二人が一緒でないとだめなのだという。幸いＡ嬢は二、三週間のうちにまた来ることになっているので、そのときは何枚か撮ってみると約束してくれた。またぜひとも飛ぶ妖精《フライング・フェアリー》を撮って、私に送りたいとも言っていた。

父親Ｃ氏の証言は、明確でなんら疑いの余地がないものである。娘からカメラを貸してほしいとせがまれ、はじめはだめの一点張りでとおしていたが、ついにある土曜日の昼食後、ミッジ・カメラに一枚だけ乾板を入れて貸し与えたという。すると少女たちは一時間もしないうちに戻ってきて、Ｉ嬢が「映してきたから現像してちょうだいな」と言った。しかしすぐには応ぜず、夜になって暗室へ入って現像してみると、例の妖精が映っていたのでびっくりしたというのである。Ｃ夫人も、二人がカメラを持って飛び出して行ってから帰るまで、わずかな時間しか経っていなかったように記憶しているという。写真は異常なもので驚くべきものにちがいないが、私は今ではそれが正真正銘、本物の妖精写真であることを、一〇〇パーセント信じている。現地調査で私が耳にしたような、関係者の率直さにあふれた証言を聞けば、だれもそう信じることと思う。それについて私自身は、説明も見解も補足するつもりはない。妖精の非物質的な身体を写真に映るほどの濃さにするためには、二人の人間の存在——それも子供が望ましい——が必要であった、ということだけを述べておきたい。また、事件に関するこれ以外の事柄については、ただありのままを語るにまかせ、一つの案として述べるにとどめておきたいと思う。最後に、C家の方々が写真を公表しようとする意図を見せたことは一度もないし、これまで局地的に流出してきた写真も、彼ら自身が意図したものではなかったこと、また金銭のやり取りはいっさいないことも、念のために明記しておきたいと思う。

エドワード・L・ガードナー

この報告のなかでガードナー氏が言っていることに私が補足を付けておきたいことがある。I嬢はガードナー氏とのインタビューのなかで、「おびき寄せる」という言い方をしていたが自分には妖精に行動させる力などなく、ただいつも妖精たちのいる方向へ向け静かに受身の姿勢で座っており、やがて遠くのほうで、いるな、と思わせるような微かなざわめき、ないしは動きが感じられると、そのとき心の中で手招きをし歓迎の意を示すのだそうである。ノームが一対の笛を持っていることを指摘したのもI嬢であるが、それまで私もガードナー氏も、蛾の後ろ羽根の縞模様とばかり思っていた。彼女によると、あたりに風がないときは、微かだけれど音色の高い笛の音が聞こえるのだそうである。妖精に身体がありながら人間のような影がないのはおかしい、という写真家の指摘にたいしては、それは心霊体《エクトプラズム》——エーテリック・プロトプラズムがこう呼ばれてきた——という物質には、微かながら独自の発光性があり、それが影を弱めるのだ、とお答えしておきたい。

さて、ガードナー氏による実に明快で説得力のある報告に、さらに第一級の写真家であるスネリング氏にもらった証言を、そのまま付け加えさせていただこう。スネリング氏は強健な精神の持ち主であり、心霊研究の通信機関にも、写真家の立場から力を貸している。偽の写真を見破ることにかけては、強硬な姿勢を崩さないことでも知られており、専門家としてふさわしい評価を獲得してきた方である。氏は三十年以上にもわたって写真関係の会社と関係があり、ご自身でも自然写真やスタジオ内での創作写真で見事な作品を発表されている。

氏はイングランド広しと言えども、どんな偽造写真も私の目はごまかせないと笑って、写真を調べてからこう断言した。「一〇〇パーセント本物です。野外撮影であり、露出は一回きり。二重写しではありません。妖精に動きが見られます。厚紙や薄紙でこしらえた模型を使用するとか、背景を暗くするとか、妖精の絵を使用するとかの人為的な細工が施された跡はいっさい見られません。私の見るところ、二枚とも文句なしの無修正の写真です」。ガードナー氏に劣らずスネリング氏も、写真家としての幅広い経験に裏打ちされた専門家ならではの、明解な見解を示してくれたのである。

だが次にわれわれには芳しくない問題が生じた。劇場用の小道具を使って、現場の絵を作りだしたのだろうという批判である。しかし心霊研究にたずさわってきたわれわれは、いわゆる批評家のタイプというものを熟知している。たとえ一見して彼らの自家撞着がわかるとはかぎらないにせよ、批判のための批判をする人はこういうことを言うものである。

ここで、私自身の見解を述べることにする。強力な虫眼鏡で、長時間念入りに観察したところ、次のようなことに気がついた。注目すべき事実の一つは、二枚とも二本の笛が映っていることである。ギリシア神話に出てくる水の精ナーイアスや半人半獣の牧神《フォーン》が手にしているものと同じ、二本が対になった笛である。なぜこれだけが神話に出てくるもので、ほかは人間界のものと同じなのだろうか。これは妖精たちが、生活のなかで使う種々の道具や日用品を、何から何までそろえているということを示してはいないだろうか。衣服などはまったく実際的である。知れば知るほどそして柔軟な視野で考えていくほど、これらの人々はエスキモーが存在するのと同じように、たしかに実在するものとして、いつかこの世界に現れてくるもののように思える。笛の縁取りの装飾を見ても、彼らがなかなか洗練された芸術的感性を所有していることを物語っている。それに、あの踊りのなかに見られるのびやかな天真爛漫な喜び。妖精の世界にもそれなりの暗い影の部分はあるかも知れないが、少なくともこの写真で見るかぎりでは、ただただ楽しさいっぱいという感じがする。

次に注目すべきは、踊っている妖精たちが、人間と蝶の混血のような容姿をしているのに、ノームは蛾に似た感じが強いということである。もしかしたら露出不足とうっとうしい天候のせいにすぎないのかもしれない。私の推測では、両者は同じ種類に属しており、ノームのほうが先輩の男性、妖精はピチピチした若い女性である。しかし、妖精を観察した人々の記録によれば、妖精にもいろいろな種類があり、大きさも違えば容姿も違い、住む場所も――森の妖精《ウッド・フェアリー》、水の妖精《ウォーター・フェアリー》、植物の妖精《フェアリー・オブ・プラント》と呼ばれているように――違うのだそうである。

では妖精は「想念体《ソート・フォーム》」にすぎないという可能性はどうであろうか。たしかに、写真に映っている妖精は、古くから伝えられている妖精の姿形に似ている。しかし、楽器を手にして元気よく踊るという概念は、想念体という、曖昧で実感のないものしか連想させない用語からは生まれてこない。ある意味でわれわれ人間も想念体であると言うこともできる。なぜなら人間は感覚を通じて、存在を認識しているにすぎないのであるから。しかし、われわれ人間に間違いなく客観性があるように、あの妖精たちにも、たとえその存在の振動《バイブレーション》が心霊能力や高感度の乾板でなければとらえられないほど繊細なものであっても、やはり客観性があるように思える。つまり彼らが今も古くから伝えられている姿をしているということは、すなわち妖精はいつの時代にも実在してきた証しであって、だからこそそれを正確に観察した人たちの言葉が、現在までも語りつがれてきたのであろう。

ガードナー氏の先に述べた調査のなかで、報告されていない事実を紹介しておきたい。それはアイリス嬢が絵が上手で、一時期、宝石職人の依頼で図案を描いていたことがあるということである。この事実はたとえアイリス嬢を知る人が、その裏表のない性格に絶対的信頼を置いているとはいえ、一応注意を向けるべきことであろう。ガードナー氏はその点をきちんと押さえており、アイリス嬢にさまざまな絵を描かせている。その結果、風景画の出来はまずまずだが、自分が見たはずの妖精の絵には、まったく精彩がなく例の写真とは似ても似つかぬ絵だったということである。

もう一つ、あらかじめ指摘しておきたいのは、強い虫眼鏡で写真を見ると、右手の妖精にそって、鉛筆で輪郭をとったと疑える部分があるが、これは髪の毛であって、鉛筆の跡ではないということである。正直なところ、私はこの数か月のあいだ、考えや思いを巡らせていたが、まだこの問題の真相を把握しきれないでいる。一つ二つは、明確になった事柄もある。まずこの先は、子供たちの体験というものがもっと真剣に取り上げられるようになるだろう。性能の良いカメラも製造されるだろう。状況証拠のしっかりした写真も撮られるようになるだろう。そして、われわれの近くに現れるが、人間と少しばかり振動が異なるだけでわれわれと隔たっているこうした「小さな住民たち《リトル・フォーク》」が、親しみ深い存在となることであろう。たとえ目には見えなくても、そういう存在があると考えるだけで、小川や谷は何か新しい魅力を増し、田園の散歩はもっとロマンティックな好奇心をそそるものになるであろう。妖精の存在を認めるということは、物質文明に侵され、泥の轍に深くはまりこんだ二〇世紀の精神にとって、たいへんな衝撃となると思う。同時にそれはまた、この世には魅力的で神秘的な生命があることを、認めることにもなろう。この発見が達成されれば、説得力に富む物的証拠を基盤にして、世界に広まりつつある「霊界通信《スピリチュアル・メッセージ》」を受け入れることも、そう難しいことでなくなることと思う。

以上が私の見るところである。しかしこれだけではすまないかもしれない。なぜなら、コロンブスがアメリカ大陸の端で手を合わせて跪いたとき、その新大陸がその後に全世界の命運までも左右することになるとは、いったいどこの予言者に知ることができたであろうか。われわれは今、実は海ではなく、微妙な霊的条件によって隔てられた新大陸（異次元世界）の端に立っているのかもしれない。私は今後の進展を、敬虔な畏怖の念をもって眺めようと思う。

もしかするとあの「小さな生きもの」たちは、私たち人間界との接触によって受難に苦しむことになり、その結果、滅亡にいたって、ラス・カサス〔一四七四?～一五六六。アメリカ・インディアン奴隷化に反対したスペインの宣教師〕を嘆かしめたことと同じことになるかもしれない。もしそうだとしたら、この世界が彼らの存在を決定した日〔写真に撮られた日〕は、忌まわしい日となることであろう。しかし、何事にも導き手はある。それを信じて進むほかはないと思う。

第3章 最初の写真への反応

そのとき私はイギリスにいなかったのだが、雑誌「ストランド・マガジン」に初めて公表された写真が大きな反響を引き起こしたことは、オーストラリアにいても手にとるように伝わってきた。報道機関のコメントは当然のことに慎重だったが、敵意に満ちたものではなかった。年寄りたちが「いかさまだ！」というような批判の声は、想像していたようには目立たなかった。報道機関は心霊現象にまつわる問題について、ゆっくりした足取りであるにせよ、その視野を広げつつあったので、霊の顕現が取り沙汰されても、前ほどすぐに、まやかしだ、と決めてかかるようなことはなくなってきていた。

ヨークシャーの新聞には、かなり突っこんだ取材をしたものもあり、問題の家の周りのかなりの範囲にわたって、住んでいる写真家たちまでが、共謀者ではないかと調べられたということを聞いた。

「トゥルース」紙は、心霊主義《スピリチャリズム》の動向や活動はみな世間を欺く馬鹿げた陰謀であるという認識から、悪党どもがでっちあげ、愚か者が受け入れるという構図にとりつかれており、ご多分に漏れず人を馬鹿にした侮蔑的な記事を掲載した。「エルシーが悪ふざけはいい加減によして、社会に真相を明らかにせんことを願う」。このような祈りの言葉で、記事は締めくくられていた。

この件に批判的な記事のなかでも、いかにもおかしかったのは、「ウエストミンスター・ガゼット」誌のものだった。同誌は事件の謎を解明するために特派員まで派遣し、一九二一年一月十二日にその調査結果を公表した。寛大にも許可を頂戴したので、その記事を以下に掲載しよう。

「ウエストミンスター・ガゼット」誌の記事

妖精は実在するか？
ヨークシャー渓谷での調査報告——コティングリーの謎
「妖精の写真を撮った少女の物語」

子供たちの周りで戯れている妖精写真——正確にはフェアリーの写真とノームの写真——が公けにされたことが、妖精が実在するとされている現地ヨークシャーばかりでなく、いまイギリス全土で関心を呼んでいる。

この話ははじめから謎めいていたが、アーサー・コナン・ドイルが「ストランド・マガジン」誌に掲載した文章のなかで、当事者を仮名にしたことで、さらに謎が深まってしまった。ドイルによれば、関係者に訪問客や問い合わせの手紙が殺到し、生活が脅かされないようにとの配慮から仮名を使用したのだが、その計画が成功したとは言い難い。失礼だが卿は、ヨークシャーの人々、とりわけヨークシャー渓谷に住む人々のことを、実際に知らないのではないだろうか。あの記事には率直さが欠けている。とドイルを非難しないにしても、当事者の身元を隠そうとすれば、かえって当事者への疑いを起こさせることになるからだ。ドイルの語ることが条件付きでしか受け入れられないとしても当然である。

私（筆者）はヨークシャーに滞在した短いあいだに、会う人ごとにこの件について聞いてみたが、あれは本当のことじゃない、と誰にもあっさりと片づけられてしまった。すでに当事者の身元は明らかになっていたので、ここ何週間かヨークシャーでは、この話題でもちきりだった。

私がヨークシャーへ赴いた目的は、ありったけの証拠を集めて、できることならそれで妖精が存在するという主張を証明できるか、あるいは否定するのか、いずれかの確証を得ることにあった。しかし白状すれば、いずれの希望もかなわなかったのである。

例の「妖精の国《フェアリー・ランド》」は、ビングリーから四、五キロの人里離れた絵のように美しい場所にあった。そこには高地の裂け目に、すっぽりと覆われたようなコティングリーという小さな村があり、村の中を一・五キロほど流れ、下流でエア川に合流するコティングリー・ベックと呼ばれる小川がある。

アーサー・コナン・ドイル卿の物語の「ヒロイン」はエルシー・ライト嬢であるが、[記事注・家族は異議を取り下げたので、前の記事にあったカーペンターという名前の代わりに、本名の〝ライト〟を以下、使用する]、エルシーはリンウッド・テラス三一番地に両親と住んでいた。家の裏手にはコティングリー・ベックが流れており、写真は家から一〇〇メートルと離れていない所で撮影されたのである。エルシーは妖精たちと知り合ったとき、スカーボローのディーン通りに住む従姉妹のフランシス・グリィフィスと一緒だった。

一九一七年の夏、十六歳のエルシーが撮った一枚の写真には、十歳の従姉妹フランシスが、目の前の空中で踊る四人の妖精と一緒に映っている。数か月後に撮った別の写真には、草むらの上に座ったエルシーのそばで踊る奇妙な姿のノームが映っている。

ところで、取材をすすめ証言を得るに従がって、たしかな事実がいくつか浮上してきた。それは次のようなことである。まずその村に住む者なら「妖精」の存在を知らないわけはないが、二人の少女以外に、誰も妖精の姿を目にした者がいないということ。次にエルシーがその写真を撮ったとき、カメラの扱い方に慣れていなかったのに、初めて撮った一枚で妖精の撮影に成功したとい

コティングリー村の小川（ベック）と渓谷の地図（撮影場所がA ～E 、ライト家の小屋が×の印で示されている）

エルシーとフランシス（1917年6月撮影）。ライト氏の最初で最後の所有であった「ミッジ」カメラ使用

うこと。また妖精というすてきな訪問者があったのに、二人は第三者を呼んでその訪問者に会わせようとはせず、その発見さえ公けにしようとしなかったということなどである。

　手始めに母親のライト夫人に取材をしてみると、夫人はためらわずなんら余計な言い訳もせず、知っている事実を語ってくれた。

　夫人の話によれば、妖精の写真を撮った問題の日、少女たちはその狭い谷間で一日じゅう過ごしていたらしい。しかも家のすぐ近くなのに、お弁当を持って行ったという。娘のエルシーは身体が丈夫ではないので、夏の数か月は仕事をせずに屋外で遊ぶようにし、できるだけ健康を保つように心がけていたということである。エルシーは妖精に会った、とよく話していたが両親は子供のたわいもない想像にすぎないと考え、そのままにしておいたそうである。一九一七年、父親のライト氏は小さなカメラを手に入れた。そしてある土曜日の午後、娘に執拗にせがまれたので、仕方なく娘がカメラを持ち出すのを許した。ライト氏は乾板を一枚きちんとセットして写真の撮り方を教えてやった。娘たちは上機嫌で外に飛び出し、ものの一時間もしないうちに戻ってくると、ライト氏に現像してほしいと頼んだ。現像がすすむにしたがって、妖精の映像が浮かびあがってきた。それを見てエルシーは、興奮した口調で従姉妹に向かい、「まあ、フランシス、妖精が映っているわよ！」と叫んだのである。二枚目の写真も同様にうまく映っており、それぞれ何枚か紙焼きして、一年ほど前に珍しいので友達にあげた。そのうち一枚が昨年の夏、ハロゲイトでの神智学《セオソフィー》協会で何人かの委員の目にふれるまで、写真はとりたてて人々の関心を呼ぶこともなかったのである。

　ライト夫人に、隠し事があるような素振りは微塵も感じられなかった。彼女は実に率直に質問に答えてくれた。夫人が言うには、エルシーはいつも正直な少女で、隣人たちのなかには彼女が妖精の話を聞かせると、「正直なエルシーが言うことだから」とそのまま受け入れていた人もいたそうである。エルシーの経歴について夫人に尋ねてみた。エルシーは学校を卒業すると、ブラッドフォードのマニンガム・レーンにある写真屋で数か月のあいだ働いたが、一日の大半が使い走りなので嫌気がさしたという。そのほかの仕事といえばスポッティング、つまりネガやプリントにある汚れや傷を塗りつぶし修正することだけだった。当時十四歳の少女に、写真を「偽造」する方法を教えるような業務などなかったようである。エルシーはその店を辞めると宝石店に移ったが、そこでも長続きしなかった。その後最初の妖精の写真を撮るまで、彼女はずっと家にいて、カメラを持っている人と付き合うようなこともなかったようである。

エルシーの父親も、写真の技術はほとんどなかった。彼に言わせれば「カメラのことで覚えているのは、どうにか」乾板を入れてやったことだけだというので、父親が乾板に細工したか、という疑いは取り去らなければならない。

私がエルシーの家を訪れたとき不在だった父親は、取材の最中に隣接する作業場から戻ってきた。用向きを聞くと、その件についてはまったく「ウンザリ」しており、いまさら話すことなど何もないと言った。しかし私がすでにライト夫人から聞き出していた話を、そっくり詳しく聞かせてくれたのであった。彼の話は細部にわたり彼女が語ったものとそっくりであり、エルシーの話もブラッドフォードで語ってくれた話に、付け加えるものは何もなかった。したがって私は、エルシー本人を含めた家族三人から、別々の時間に同じ話を聞いたことになるが、三人の話には何の食い違いも認められなかった。両親はその写真が本物であることをすぐには信じられず、どうやって偽造したのかと、少女たちに尋ねたところ、自分たちの話は本当だ、不正直なことは何一つしていない、と彼女たちは言い張った。それで両親も「そういうことにしておこう」ということになったそうである。両親が妖精の存在を信じているかというと、「娘とその従姉妹がそう言っているから」、ぐらいにしか考えていないようであった。

またエルシーの母校の校長は、エルシーを「夢見る少女」と評した。母親はエルシーにはあらゆるものが空想の材料になる、と言っていた。では十六歳のとき、エルシーに妖精の絵が描けたかどうか。その点については疑わしいと思っている。のちに彼女は水彩画を学び、作品を描いている。それを丹念に調べてみたが、素人にしては色彩に関する非凡な知識が見られるものの、あの妖精の絵が描けるような際立った才能はうかがえなかった。

アーサー・コナン・ドイルは、妖精は千里眼の人の想像や期待によって呼び出された「想念体《ソート・フォーム》」ものではないということが、なかなか納得できなかったそうである。神智学協会の実行委員会の一員であるエドワード・L・ガードナー氏は、問題の現地を調査し、エルシーの家族全員に取材も行ったが、写真は本物であるという結論を導いた。

その日の午後、私はブラッドフォードに行き、シャープのクリスマスカード製造工場でエルシーに会った。彼女は二階で仕事をしており、はじめは会うのを拒んで取材を受けたくないと人づてに言ってよこしたが、もう一度頼むと応じてくれた。彼女は仕事場の入り口にある小さなカウンターの向こうに現れた。

エルシーは背が高く、痩せた少女であった。髪は赤褐色で豊かに波うち、その髪を金色の細い紐で結んでいた。

真っ先に彼女は、両親と同じように、写真について言うべきことは何もないと言った。しかも実に不思議なことに、「それについては『ウンザリ』しています」と、これも両親と同じ表現が彼女の口からこぼれたのである。

しかし話していくうちにエルシーは打ち解けてきて、どのようにしてあの最初の写真を撮ることになったのかを話してくれた。

「妖精はどこからやって来るのですかね」と尋ねると、「わかりません」と答えた。「妖精たちがやってくるところを見たの」と尋ねてみると、肯定的な反応が返ってきた。彼女は妖精たちがどこから来るのか、気づいているにちがいないと思った。しかしエルシーは遠慮がちに笑いながら、「さあ、わかりません」と答えるのだった。

エルシーは自分のそばで踊っていた妖精たちが、その後どこに行ってしまったのか説明するのにもやはり困ってしまい、もっと詳しい説明を求められると、明らかに戸惑ってしまった。答えの返ってこなかった質問も二、三あった。「妖精たちはただ空中に消えたのかもしれないですね」と話を向けてみたが、「そうかもしれませんね」と素っ気ない返事が返ってきただけであった。妖精たちが彼女に話しかけることもなければ、彼女が妖精たちに話しかけることもないというのであった。

エルシーは、昔いつも従姉妹と一緒だったときは、もっとしょっちゅう妖精を見かけたのだという。初めて妖精を見たときは、「まだほんの子供にすぎなかったので」、だれにも話さなかったということだった。

私はインタビューをつづけた。「子供だったのならなおさら、妖精を見つけたりしたら、お母さんに話したくなるのが当たり前だと思うのだけれど、どうですか」。彼女はだれにも話さなかったということを、繰り返しただけだった。最初に妖精が目撃されたのは、はっきりしたものでは、一九一五年である。

さらに質問をつづけると、エルシーはその後も妖精を見かけて写真に撮ったこと、その乾板はガードナー氏が保管していることを話してくれた。彼女は最初の妖精の写真を焼き増しして友人たちにあげてからでも、自分がまた妖精を見たことを誰にも教えていなかった。村の人たちがほかにだれも妖精を見ていないという事実も、彼女には驚くようなことではなかった。エルシーは自分と従姉妹のフランシスが、その幸運に恵まれた唯一の人間たちであると固く信じ、自分たち以外の人は妖精に会えないだろうと確信していた。「もし私たちの他に誰かがいたら、妖精たちは現れなかったでしょうね」と彼女は言った。

なぜそんなことが言えるのか。その根拠を知ろうと反対尋問のようなことを試みたのだが、彼女は微笑みながら、しかしはっきりと、「貴方にはわからないでしょう」とだけ答え、この会見は終わった。

エルシーは今もなお妖精の存在を信じ、この夏もまた妖精と会えることを楽しみにしているということである。

二人の少女の前に現れたコティングリーの妖精は、きれいな羽根を持ったエルフで、エルシー・ライト嬢の話では、陽が明るく照っている日に現れる。天気がどんよりと曇ったり、雨が降ったりしているときには決して姿を見せないそうだ。

話を聞いたなかでもっとも不思議に聞こえたのは、妖精たちが、一九一六年や一九一七年の頃に見たよりも、最近もっと「透けている」という部分である。妖精たちは、かつては「もっと色が鮮明」だったというのだ。彼女はその理由として、「だってあの頃、私たちは幼かったのです」と付け加えた。

1917年にノームと写真を撮った場所に立つエルシー（1920年撮影）

フランシス（1920年撮影）

これでは訳がわからないので、詳しい説明を求めてみたが、彼女はそれ以上話そうとはしなかった。

この夏、これまで世間に知られていなかったこの村には、まだ見ぬ妖精を求めてやって来る巡礼の旅の光景が、ここかしこに繰り広げられることだろう。

ヨークシャーの古い諺に、こんなものがある。「われ、わが目に映りしものを信ず」。これは今もって、かの地では有難い格言なのである。

この記事の論述から明らかにわかるのは、この特派員が関連事実をすべて暴きたてることで、大スクープをものにできていたら、さぞや大満足だったろうということである。しかしながらこの記者は、公正で知性ある人間だったらしい。彼は検察側弁護人のつもりが、いともたやすく自分の役割を寛容な判事の役と替えてしまったのであった。

また記事からは公表された写真が少女たちの撮った初めての写真だったという点以外、記者が私の記事に記されていなかった新事実を、何も発表していないことがわかると思う。しかもその指摘があるにしてもである。少女たちが初めてカメラに触ったのなら、多くの専門家の検査をものともしないような詐欺的な写真を、彼女たちが作りだせたということが、なおのこと考えられるだろうか。あるいは父親が正直な人だというのは、だれも異を唱えていない彼の証言を信じれば、エルシーが想像して描いた絵を切り抜いてそれを写真に撮っただけだということは、あり得るかもしれない。それならばエルシーは、両親にも内緒でさまざまなモデルを駆使して、この上なく美しい絵を描きあげ、それをこっそり隠し持っていたにちがいない。しかもその絵は、専門家が細心の注意を払って検証しても「動いている」印象を与えるような見事な出来栄えだったということになるが、これは少し出来すぎた話かも知れない。

また「ウエストミンスター・ガゼット」誌の記事ではっきりしているのは、記者が心霊研究について、ほとんど無知であるということだ。妖精がどこからやって来たのか、またどこへ行くのか、そしていつ妖精がエルシーの特別なオーラの中で精霊の形をとって現れるのか、若い娘が知らないからといって記者が驚くのは、理にかなっているとは思えない。ジメジメしている冷たい天候のときよりも、暖かくて陽の光がさしている天候のときのほうが、心霊現象はより活発になるというのも、ありふれた事実である。妖精たちの姿がだんだんと透けて見えてきているというエルシーの発言は、最終的にはまさに暗示的なものだった。なぜならある種の霊媒能力の形成は、幼年期と深い関係があるからである。少女が女性になり、心が世慣れて平凡になっていくにしたがい、霊媒能力を見せる時期が過ぎ去ってしまうのは、よくある傾向なのである。

第二期の写真、とくに花を持つ手を差しだしている、透明度の増した妖精の姿からは、こうした洗練されていく過程が進んでいるのがうかがえる。私たちは、エルシーのなかであの能力が失われていく過程がいまや完了し、この特別な情報源（＝エルシー）から妖精たちの生活について、これ以上の情報を得ることができなくなるのではないかと懸念している。

写真が本物の特徴を備えているかという点についての非難攻撃には、次のような文句もあり、これは実際に偽造写真から出てきたものである。

「ほら、よく出来ているでしょう。しかも偽造だとだれもが知っているのですよ。あなたの持っている写真も、偽物じゃないと言い切れますか」

この推論の誤りは、こうした模造品は熟練の専門家によって作られたものだったが、批評すべき妖精の写真は、素人の子供たちによって撮られたという事実にある。手品師が独特のやり方である結果を模造できるのだから、模造された結果自体は、いつでも存在していたのだという理屈は、長いことこの世界を愚弄してきた者たちが繰り返す、陳腐で使い古された議論なのである。

だがこのような合成写真のなかには、とてもよく出来ているものもあったということを認めておかなければならない。しかしそれらはどれもガードナー氏か、あるいは私自身の綿密な検査をくぐり抜けることはなかった。

いちばんよく出来ていたのは、ブラッドフォード研究所とかかわりのある女性写真家アイナ・インマン女史の撮影したものだった。彼女の作品はとてもいい出来だったので、平静な気持ちでじっくり見るまでに数週間かかったほどだった。またオーストラリアの写真家ジャッジ・ドッカー氏による、奇妙であるが効果的な組み合わせの写真もあった。インマン女史の妖精たちの写真は手際のよいものだったが、あのすばらしいコティングリーの妖精の群れに特徴的だった自然な動きの優雅さと自由さは、少しもうかがえなかった。

目立った報道記事に、一九二〇年十二月八日付「ロンドン・イブニング・ニュース」紙上でのジョージ・A・ウェイド氏による論評がある。そこでは、好奇心をそそるヨークシャーでの出来事について、次のように状況が述べられている。

今日でもこの国に本物の妖精がいるのか。この問題は、アーサー・コナン・ドイルから提起され、その存在を証明するための「小さい人々《リトル・ピープル》」の写真が公表された。あの写真に映っているのは本当に妖精なのか、生きたエルフかノームなのか。今回の事件について少し知識のあった私が体験したことは、この疑問に小さな光を投げかけるのに役立つかも知れない。そしてまた、写真が撮影されたと断定された場所、ヨークシャーの谷間で、妖精と出会える一助となるかもしれない。

去年のある日、私は問題の地区に住む友人の有名な小説家、ハリウェル・サトクリフ氏と過ごしたが、驚くべきことにそのとき彼はこう言った。「私は個人的にあそこの校長を知っているんですよ。彼の家はここからそんなに離れていないんです。校長は近くの草刈り地で、本物の妖精に会って話し、遊んだことがあると何度も言い張っているんですよ」その小説家はこの話を、興味をそそる事実として私に語った。なぜなら、彼自身説明がつかなかったからである。また彼の話では、その校長は教養、人格、品性とも十分信用できるし、妄想を抱いたり他人を欺くことを望んだりするような人物ではないそうである。

そこにいるあいだ、私は信頼のおける人物から、スキプトンに住むある若い女性が語った話を聞いた。彼女が一度ならず語ったところによれば、彼女は「妖精たちと遊んだり踊ったり」しに、しばしばその人物が名づけた「谷間のある場所」に行くというのだ。その人が話を聞いて驚きを隠せないでいると、彼女は繰り返し話して「本当なのよ」と断言したそうである。

私はヨークシャーのムーア地帯や谷間に詳しい友人で、作家のライリー氏とこの件を話題にした。彼は「ウィンディリッジ」や「ネザレイ」「ジェリーとベン」の著者である。ライリー氏は自分は実際にそこで妖精たちを見たことはないがと言って、知っていることとして次のことを聞かせてくれた。ムーア地帯に住む人々のなかには、妖精の存在を信じている信頼に足る人たちが何人かおり、その確信は揺るがすことができないこと。彼らはあらゆる矛盾を否定しており、自分たちがエア川や、ホーフの谷間の上方にあるいくつかのとっておきの場所で、何回もピクシーを見かけたと主張しているそうである。

のちにこれらのことに関する私の記事がヨークシャーの新聞に掲載されたとき、少し離れた所に住むある女性から、一通の投書を受け取った。それはある休日、記事と同じスキプトンの高地にある谷間で不思議な経験をしたので、あの記事は本当だと思うという内容だった。

その手紙はこうである。ある夕方のこと、丘陵地の坂の高い所を一人で歩いていると、ある草刈り地の足元近くで、たくさんの妖精や精霊たちが遊んだり踊ったりしているのに出くわしてひどく驚いたというのである。これは夢を見ているか、あるいは何か幻覚症状に陥っているに違いないと思い、身体をつねったり意識がはっきりしているのかと目をこすったりしたそうである。そして現実だとわかると、もう一度目をやり、いっそう注意深くその「小さい人々《リトル・ピープル》」を見つめてみたそうである。手紙には、妖精たちがどんなふうに遊んでいるのか、どれだけ長く彼らを観察していたのか、最後はどんなふうに彼らが消えていったのかということを、詳しく説明してあった。彼女は自分の語ることが真実だと、何の疑いもなく信じていた。われわれはこれをどう考えたらいいのだろうか。

私自身は偏見は持っていない。しかし、見知らぬ他人同士である多くの人々が、共謀して偽りの証言をしてきたのだろうとは信じ難いのである。たとえ何もなかったとしても、アーサー・コナン・ドイルが語る少女たち、サトクリフ氏が話してくれた校長やスキプトンの若い女性、ヨークシャーの新聞に投書した婦人といった人たち全員が、妖精たちを見た場所が、互いに互いに一〜二マイル（およそ一・五〜三キロ）と離れていないという偶然は、注目に値する出来事である。

その地域では、本物の妖精たちに会えるのだろうか。

妖精写真にたいするもっとも手厳しい批判は、「バーミンガム・ウィークリー・ポスト」紙の、ラジウムの権威として有名なホール＝エドワーズ少佐によるものではないだろうか。その批判は以下の記事にある。

アーサー・コナン・ドイル卿は、妖精写真がどのようにして作られたのか、正確に示す証拠がこれまで提出されていない事実があるのに、本物だと思っておられる。映像技術者が時に成功する特殊効果を研究した者なら、時間とその機会さえあれば、想像するほとんどのものは、偽造写真の手段で作れることはわかっているはずである。

二人の少女のうち年上のほうの子供がたいへんな空想家で、何年ものあいだ妖精の絵を描く習慣があり、写真家の店に徒弟奉公したこともあったということは、指摘しておいたほうがよい。加えて彼女は、問題の土地のなかでもいちばん美しい谷間や渓谷に出入りすることができる。そのような場所では、若い人の想像力は容易にかき立てられるものである。

ある写真では年下の少女が土手に肘をつき、彼女の周りで妖精の集団が踊っているところが映っている。少女は妖精たちを見つめていず、ごくふつうのポーズをとっている。少女は明らかに陽気に飛び跳ねている小さな妖精たちに興味を示していない様子だが、それは彼女が妖精たちと一緒なのに慣れているから、そして単にカメラのほうに関心があったからと理由づけられている。

写真の偽造には二通りの方法が考えられる。一つは、妖精たちの小さな姿絵を厚紙の上に貼り、切り抜いてモデルとなった少女の近くに置く方法である。これならモデルの視点から見えるのは厚紙の裏で、妖精は見えない。だから妖精を見つめることもない。そして印を付けてあった乾板を使って写真を作りだす。もう一つは、まず妖精抜きでもとになる写真を撮り、印刷物から切り取った妖精の姿をその上に貼り付ける方法である。これは二重撮りということになる。それがうまくできれば、二度目に作られた原板が初めての原板ではないと、一〇〇パーセント自信をもって看破できる写真家はいないだろう。

ホール＝エドワーズ少佐は自説をつづけて、「写真に映っている妖精には透きとおった羽根がついているが、技術のある写真家ならそんな細工は、いとも簡単に作りだせるという事実に、きわめて重要な意味がある」と言っている。

「まったく可能なことなのだ」と少佐は所見を述べる。つまり「昆虫の透きとおった羽根を切り取り、妖精の写真の上に貼り付けるのである。大きな蜻蛉の透けた羽根を塩梅よく貼って、写真の背景の一部が透けているように見せることなど簡単だ」という。「妖精たち」はまるで踊っているように撮られている――実際、踊っているのだと言われている――が、写真には動いているという証拠は見てとれない。このことについて、写真を撮った少女自身はこう説明している。「妖精たちの動きはとても緩慢で、映画のなかのスローモーションの動きを考えるとわかりやすいかもしれません」。これはこの若い女性が写真についてかなりの知識を持っていることの証しであろう。

ニンフやエルフが住むと言われる地域では、子供から大人まであらゆる年齢の人々が、田園風景や近辺の景色を写真に収めている。だがこのすばらしい二人の少女たちの写真に現れるまで、妖精の姿は乾板にはけっして浮かびあがらなかったのである。したがって私はためらうことなく、二人の乙女たちの撮った写真は、偽造されたものだと言いたい。こうした写真を撮影する際には、それに伴って何らかの超自然的な現象が起こるのだと広言している人たちの態度を、私は非難する。医学の立場にいる人間として私は、子供たちの心の中に、そのような馬鹿げた考えを熱心にふき込むことは、彼女らの今後の生活に、不安定な無秩序と精神的な障害を残すだろうと信じているからである。幼い子供というものは、大げさで無意味で見当違いの情緒にみちた想像力——それがたとえ絵画のように美しくとも——などなくてもきちんと成長し、自然というものを必ず正しく理解できるようになるものである。

この記事にたいして、ガードナー氏は次のように答えている。

ガードナー氏の反論記事

ホール＝エドワーズ少佐は、それらの「写真がどのようにして作られたのか、正確に示す証拠がこれまで提出されていない」と述べておられる。しかし少なくとも人を批判しようというのであれば、その件に関する報告書をきちんと読むべきであろう。少佐は、アーサー・コナン・ドイル卿はあれが本物の妖精の写真だと思っているのだ、と断言した。これ以上事をねじまげて述べるのは、まず困難であろう。

原板とベタ焼きは、写真科学の分野でも、もっとも綿密な検査をすでに専門家から受けている。専門家たちは疑いを隠さず検査に当たったが、乾板の露出は間違いなく一回きりだという結論を出しており、さらにはこれまで見てきた偽造写真には数えきれないほど細工のパターンがあったが、それに当てはまる痕跡は何一つ見つけだせないと認めている。

これで問題がきれいに片づいたわけではもちろんない。なぜなら私が自分の調査結果を書き記す際、いつも言及してきたように、より芸術的に質の高い、熟練した技術の工程を踏めば、同じ原板を作れる可能性もあるからなのである。個人的には、こうした試みがされることを切に願うものである。実際、わずかながらこうした試みはあったが、ホール＝エドワーズ少佐が提起した未熟な喩えよりははるかにましな方法だったとはいえ、簡単な分析に終わり、望ましい成果は得られなかったのである。

初期の段階では、この件は人間にまつわる要素と、偽造を行う動機があるのか、という二つの問題に分かれていた。私たちの頭の中を異常なほど占領していたのは、この二点であった。私たちはその写真を本物として受け入れる前に、早急に写真にかかわった者がみな反論できないほど誠実な人間だと、納得できる確証を得る必要があることを、よく認識していたからである。このことは首尾よく切り抜けられた。私の調査が徹底していたことは、現地の地名や人名が公表されたあとにつづけられた綿密な調査でも、最初に出された私の報告をくつがえす事実が何も出てこなかったことからも、推定できると思う。この件に関し、当事者である家族が驚くほど率直で誠実であった点に強みがあるのは、私があえて指摘するまでもない。これは人間にかかわる確証を十分に加味した上で、写真術の証拠が計られるべき問題なのである。

ホール＝エドワーズ少佐がさらに踏みこんで指摘した点については、深く論じないほうがおそらく思いやりというものであろう。映画を観に行って手頃な実例を引き合いに出すだけで、写真技術について「かなりの知識をもっている」だろうと真面目に推論するのは、使い走りとして店に雇われてほんの手伝い仕事をすることが、その道でかなり高度な技術を有することを示すと考えるのと同じくらい安易なことなのだ。

われわれはそれほど騙されやすくはない。かといって二人の少女がだれの助けも借りず、たった三十分間で、「アリスと妖精たち」といった偽写真を作り得るなど、どうしても信じられなかったのである。

批判はこれだけではなかった。著名な作家、モーリス・ヒューレット氏の記事が「ジョン・オ・ロンドン」誌に掲載された。ヒューレット氏は、ガードナー氏の回答に反応していくつかの反論を持ちだしている。氏の主張は次のとおりである。

「ジョン・オ・ロンドン」誌の記事

アーサー・コナン・ドイル卿は、「ストランド・マガジン」誌に紹介した写真、見たところ約四五センチの背丈の羽根のついた生きものと、親しげに戯れている少女たちのいわゆる「カーペンター家の写真」が、いまや世間から本物であると認められる段階までこぎつけている。もし卿がその写真を信じているのなら、二つの推論が成り立つことになる。というより、そもそも根拠はこの二つしかないのだ。一つ目は、彼がその生きものの存在を信じているにちがいないということ。もう一つは、肉眼でふつうは見えない何かが写真に映っているというのに、人間たちはただ乾板を準備し、対象に焦点を合わせ、シャッターを押し、現像しただけで、ほかには何もしなかったということである。ほんとうは、アーサー・コナン・ドイル卿がわれわれに語るべきことは、それだけなのである。彼は写真が本物だと信じている。写真にまつわるほかのこともみな、真実だと考えている。しかしなぜ卿はそう信じているのか。それは少女たちがその写真が本物だと言っているからなのだ。何ということだろう。アーサー卿が言うには、若い婦人を問い詰めるためにヨークシャーまで入っていくことはできないそうだ。たとえ自分が訪問を望んでも、彼女たちは会わないだろうというのである。しかしながら、卿は自分の代わりに友人のエドワード・L・ガードナー氏を送った。ガードナー氏というのがまた進歩的で、神智学とその周辺の分野に一説を持っているらしいが、論理的に物事を考えるという点では、欠けたところのある人物のようだ。ガードナー氏は、少女たちが互いに写真を撮りあった現場や、そのすぐそばで自分も撮影してもらったというのに、氏の周りを羽根のついた生きものが取り囲むことは、ついぞなかったのである。

ここで疑問になるのは、(a)なぜガードナー氏は自分の写真を撮ったのか、そしてなぜ、(b)「ストランド・マガジン」にわざわざ偽の写真を発表したのか、ということである。

私はイタリアのヴエローナの桃の木のそばで、羊飼いたちの前に現れたという聖母マリアの話に唯一答えらしいものを見つけた。羊飼いたちは教区の司祭にこう話した。ある月明かりの輝く夜、幼児キリストを抱いた聖母マリアが彼らの前に現れ、彼らからお椀いっぱいのミルクを受け取った。そして一本の桃の木から実を一つもぎ取ると、それを食べたというのである。司祭が羊飼いたちと一緒にその場所に行ってみると、一つの桃の種を見つけて、それを拾い上げた。それで話は解決した。明らかに聖母マリアは、実際にそこに現れたのである。なぜならその証拠に、そこに桃の種があったから。

私はガードナー氏は、妖精の写真が本物であると証明するために、妖精が撮影されたとされる同じ場所で、自分を撮影させたのではないかと結論づけている。氏の論理はおそらくこういうことだ。妖精の写真が撮られた場所で撮影してみた。私はその場所に立ち自分を撮ってみたが、妖精は映っていなかった。だからあの写真は本物なのだ。こうした展開である。この論理には謬見が潜んでいるのだが、万人にわかりやすい誤りであるし、そもそもたいしたことではない。

人はこの種の問題に出会ったとき、まず間違いなく抵抗の少ない道を選ぶものである。信じるに難いのは次のどちらだろうか。写真の偽造か、それとも四五センチの背丈をした羽根のついた生きもの（妖精）が客観的に存在することか。ふつうの人間にとっては、疑いなく後者だろう。

しかし、前者である可能性も一応仮定しておこう。もし妖精のような生きものが存在して時々目に見え、ふだんわれわれの視界から遠ざけられている世界を、カメラが明らかにすることができたとしよう。それでもなおわれわれは、「カーペンター家の写真」が本当にそうした生きものの写真だとは言い切れないのである。なぜならわれわれは、そのような存在を実際見たことがないからである。

われわれは実際に生きものが速い動きをしている写真を見たことがある。たとえば競馬、野ウサギを追いかける猟犬、競技場を走っている人間などの写真である。われわれはそうした絵を、また写真を、見たことがある。そしておかしなことに、写真の中で走っている被写体は、絵に描かれた走る対象物とは、万が一にも似ていないのである。

馬や犬、あるいは人間というものは、写真に写ったとき、実際に動いているようにはまるで見えない。それは当然である。なぜなら写真を撮られた瞬間は、動いていないからである。乾板に作用する光の動きは非常に速いので、時間の流れの中で一瞬を孤立させて記録することができる。連続する一連の写真を直接つないで動かすと、本物が動いているのと、まるでそっくりな動きをするのである。

さてカーペンター家の写真に映っている、少女たちの頭や肩を取り囲む妖精たちの動きだが、これは絵画的な飛び方であって、写真的な飛び方ではない。これはたしかである。妖精たちは、絵で表したときのお定まりの表現方法で描かれているのだ。いずれにせよ、あまりうまくは表現されていない。言ってみれば、「パンチ」誌の外カバー〔カバー絵を描いているのはコナン・ドイルの伯父リチャード・ドイル〕に描かれたグルグル回るノームと比べてもぎこちない。妖精たちには、蝶のように野性的で、はかなげで、予測のつかないような動きがほとんど見られない。しかしあの妖精たちは、空中での踊りを表現しようとしているらしい。ちょっと見るだけなら、まあ、耐えられるかもしれない。写真が小さいため、妖精たちが厚紙に描かれたのかそれとも丸彫りで作られたのかは、私には判断できない。しかし妖精たちは、動いてはいないのである。

もう一つ、些細な点と言われるかもしれないが、この種の問題ではどんな小さな点も重要だと思うので、それを指摘しておきたい。私は次のことを、さまざまな点と同様、明白なこととして認識している。もしあの踊っているのが本物の妖精だったなら、写真の少女はカメラではなく、妖精を見つめていたのではないだろうか。子供とはそういうものなのである。子供とはそうしたものだし、アーサー・コナン・ドイル卿には足が二本あると思うのだが、カーペンター嬢がその足の一本を引っぱって、卿をからかったのではないかと考えた次第である。同時に私は卿に一言申し上げたい。新時代というのはおのずと生まれるものであって、作るものではないのである。

ガードナー氏は「ジョン・オ・ロンドン」誌の次の号でこう反論した。

1917年に妖精が踊っていた土手に腰掛けるエルシー（1920年撮影）

その後に撮影された小川（ベック）の真上の滝

ガードナー氏の反論記事

「ストランド・マガジン」誌のクリスマス号に掲載された妖精の写真の信憑性について書かれたモーリス・ヒューレット氏の批評には、どこか茶化した感じがあるような印象を受けた。もっとはっきりと反論してくれたほうがよかった。唯一真剣に取り上げられたことは、写真と絵画における動きの表現の違いである。氏は後者の表現が例の写真に表れていると述べていた。問題の現場をあらためて撮影したことについてだが、当然のこととして理由は明白である。写真技術の専門家たちの手を経ても、二つの原板には偽造の痕跡(たとえば二重露光、二重写しにして、引き伸ばした写真の上に置いた彩色された妖精の絵とか、厚紙やその他の材料に描かれた模型)は発見されなかったが、手際よくスタジオで作業すれば、同じようなものが作れなくもないとされているからである。また写真の上部と子供たちの頭の横に見える霞、そして妖精の姿がはっきり見えるのに比べて、滝がぼけて見えるという問題もあった。これらのことをいくらか解明するには、現地を視察して周囲を撮影することが唯一の方法だったのである。実際調査の結果、滝は少女がいた後ろ約六メートルの場所にあることがわかった。そのために焦点がずれたのである。また少女の位置から同距離、滝の横には大きな岩があり、それらが霞の原因であることもわかった。一枚しか公表されていないが、私がそれぞれの場所を撮った写真は、妖精が本物だというようなことではなく、もっぱらその場所が現存することを示すことにあったのである。

動く被写体を撮影することについて、ヒューレット氏は驚くべき見解を表明している。撮影されている瞬間、対象物は「動いていない」(ヒューレット氏の表現である)のだそうである。ではいつ動くというのだろうか。そして動いているとき、もしカメラが露出されたら、どうなってしまうのだろうか。動く被写体は、当然のことだが、露出のあいだも動いているのだ。露出の時間が五〇分の一秒であろうと一〇〇分の一秒であろうと関係ないのである。ただしけっしてヒューレット氏だけがこのような錯覚に陥るというわけではない。それに原板に映っている妖精は、どれもみな動いている様子を見せている。これはわれわれが確定した最初の事柄である。

もちろんこのことが、馬や人間のふつうの動きの速写に見られるものより、妖精たちの動きのほうが、はるかに優雅であるという批評にたいする説明になっていないことは、ただちに認められよう。しかし仮にも骨格から成る哺乳動物ではなく、空気のように変幻自在な形状をもつ妖精の問題を取り上げるのなら、妖精たちの喩えようもない優美さを、いつ見ても現れているはずの当然の本質のようにとらえるのは、非論理的な精神の発想ではないだろうか。これまで入手した、正真正銘の圧倒的な証拠から考えても、これは事実だと思われる。最後に出てきた疑問――少女が妖精ではなくカメラを見ているということ――に関してであるが、アリスは写真にきちんと映るということについて、まったく無邪気だったのであろう。それまですぐそばでカメラを向けられたことのなかった彼女にとって、カメラは、妖精よりもはるかに目新しかった。カメラを知っている人には奇妙に聞こえるだろうが、当時の彼女にとって、カメラはもっとも興味のあるものだったのである。それはそうと、もし写真が偽造品なら、そんな写真を作るほどぬかりのない偽造者が、モデルにポーズをとらせないなどという初歩的なヘマをするだろうか。

概してわれわれの主張に同意を示した記事も多かった。興味深く説得力のあるそうした意見のなかには、グッドメイズに住む紳士、H・A・スタドン氏のものがあった。彼は偽造写真を作る変わった趣味をもつ人物であった。その手紙は取り上げるには長すぎるし、また専門的すぎるのだが、氏は構成、衣装、現像、濃度、光の加減、バランス、キメ、乾板、雰囲気、焦点、ハレーションといったさまざまな項目ごとに確認を行った。そして該当する検査をすべて終えると、写真は八〇パーセント以上の確率で本物であるという結論を導きだしたのである。

写真を会場に展示していくうちに（ガードナー氏のかかわる神智学者の団体が関心を示したため）、乾板が画面上に巨大に拡大されたことが時折あったということは、付け加えておいたほうがいいだろう。ウェイクフィールドでは、強力な幻灯機を使って巨大なシートの上に、とてつもなく大きな映像を写し出したことがある。操作した人は、はじめ懐疑的な態度をとっていた知性ある紳士だったが、完全にその写真は本物だと思うようになった。なぜなら彼が指摘したのだが、あれほど巨大な画面なら、ハサミを使った不自然な痕跡や、緻密に施された人工的な細工の跡がほとんどばれてしまうはずだからである。しかし拡大された写真の線は、見事に美しく切れ目さえなかったのである。

第4章　二度目に撮られた写真

ガードナー氏は七月にヨークシャーを訪れたが、そのときエルシーに上等なカメラを渡しておいた。従姉妹のフランシスが来ることを聞いたので、そのときにまた妖精の写真を撮る機会があるのではないか、と思ったからである。私たちが心配していたことは、妖精の写真を撮るには、二人の少女のオーラが密接に関係することが必要かも知れないということであった。二人の人間のオーラが合わされば、一人の力より強い効果が得られることは、心霊現象の場合では当然のこととされていた。私たちは二人が会う八月に結合する二人のオーラを、充分に生かせればいいと願っていた。したがって私はオーストラリアに出発する前、ガードナー氏に「私たちの新しい試みの結果が貴方から届くまでは、どんな手紙を読んでもきっと上の空でしょう」という言葉を言った。心の奥底では、私は成功することはほとんど期待していなかった。三年も過ぎれば心霊能力に、女性の思春期が致命的な影響を及ぼすことがよくわかっていたからである。

したがってメルボルンでガードナー氏からの知らせを受け取ったとき、私は喜びと同時に驚きを隠せなかった。手紙には成功の報告があり、妖精たちが現れた渓谷で撮影された、以前よりもっとすばらしい写真が、三枚同封されていたからである。正直のところ私の心には疑念も残っていたが、それらはみな吹き飛んでしまった。なぜなら三枚のうち、とくに薮の中の妖精を撮った写真【口絵写真E】は、偽造の可能性を完全に否定できるものだったからである。しかし当事者の心像が転移して心霊写真が出来るとか、心霊体の映像を頭に描いて念写する場合もあることは、広い経験から知っていたし、こうした方向からの説明もできることは、今も感じている。またすでにオカルト的なことに興味を持っている家族に起こった場合、思い込みによって超自然的な想念写真が作られるという興味深い出来事もあることも、けっして見失ってはいないつもりである。こうしたさまざまな推測は、すべて捨てられないにせよ、やはり私には関係のないこじつけに思えるのである。

メルボルンにいる私のところに送られてきた、嬉しい手紙を紹介しよう。

一九二〇年九月六日

親愛なるドイル様

一筆ご挨拶申し上げます。お元気でいらっしゃることと存じます。お別れする前に頂いた最後のお言葉は、この手紙を開封するのが何より楽しみだということでした。ご期待にそむくことはありませんでした。すばらしいことが起こったのです。

数日前にエルシーから、新しく撮った三枚の写真の原板が送られてきました。その三枚について説明は不要でしょう。別の封筒に入れ、この手紙に同封したからです。現代人が見てきた写真のなかでも、この「飛ぶ妖精」**[口絵写真C]**と「妖精のあずまや」**[口絵写真E]**ほど、驚くべき写真はたしかにないと思います。

先週の金曜日の朝これらの写真を受け取ったのですが、それからずっと私の頭の中には、猛烈な嵐が吹いております。写真と一緒に一通の素敵な手紙がきましたが、それには「三枚しか送れなくてすみません」と書かれていました。天候が悪かったので（それも実にひどい寒さだったようです）、エルシーとフランシスは、たった二日間、それも午後だけしか、例の渓谷に行くことができなかったそうです（フランシスは、学校が始まるので、現在はスカーボローの家に戻っています）。

手紙は全体に簡潔でしたが、率直な言葉で書かれており、今月の末にでも、何日かご一緒に過ごせればよいですね、と締めくくられていました。

私はすぐにハロウまで行きました。ハロウのスネリング氏は、その三枚の写真が最初の二枚と同じく本物だとためらいなく断言し、とにかくあの「妖精のあずまや」の写真のほうには、偽造の可能性は微塵もないと明言したのです。この点について、私は今日アイリングワース社の見解を取材してきたのですが、いささか驚いたことに、彼らもスネリング氏の意見を支持した、ということを付け加えておきましょう（もしまだ同封した写真を見ていないのでしたら、ぜひ開けて見てください。続きはそれからです）。

今月の二十三日に、私はヨークシャーに契約した講演で行くのですが、コティングリーでも一日過ごす予定です。そしてもちろん持っていれば何かの時に役立つでしょうから、検査するため例の現場の写真を撮り、失敗しても原板は持ち帰るつもりでいます。ところで「あずまや」の原板ですが、少女たちはまったく理解できなかったそうです。落ち着いた様子の妖精が右手に見えたけれど、彼女たちはそれが画面に入るのを待たず、エルシーは背の高い草むらに近づき、大写しするために急いでその写真を撮ったというのです。（後略）

この手紙に私は次のような返事を書いた。

メルボルンにて　一九二〇年十月二十一日

親愛なるガードナー君

私の心は喜びであふれでいます。遠く離れたオーストラリアで、貴方からの手紙とすばらしい三枚の写真を受け取り、しかもその写真が、私たちの公表した説を確実なものにしてくれるとわかったからです。貴方も私も、追認を得ることなど少しも必要としていませんでした。しかし私たちのような考え方は、心霊的な調査を理解しない、忙しく動いている一般の人たちには、たいへん奇異に映るでしょう。そういう人たちには、何度も繰り返し確認させることが必要なのです。そうしなければ、中央アフリカのピグミー族が発見されたときと同じように、この新しい生命の秩序が確立されたこと、しかも真剣に考える必要のあることなどを、彼らは気づかないのですから。時限爆弾を仕掛けて国を離れ、爆発の後始末を貴方に任せたような形になったとき、私は少なからず罪悪感を抱きました。しかしそれが避けられないことだったのは、貴方もご承知だと思います。新たな三枚の写真についても、おそらく攻撃の騒ぎが起こるでしょうが、そのための防壁を貴方が築いておいてくれたことに、私は今とても感謝しています。こんな証拠写真が実際に存在するのを、彼らは知らないのですからね。

このたびの問題は、生死の問題とか、私たちが見失っている霊魂の問題などに直接関係はないでしょう。けれど知っている事柄だけで、人間の精神の地平を広げたり、この世界の限界を計ることはできないので、このことを証明できるものならそれが何であれ、唯物主義を打破して人間の思考をより広くし、より精神的な水準へと導くために、よい影響を及ぼすにちがいないでしょう。

また私には、別の側面から賢い存在物が、私たちのこうした行動を指揮しているように思えますし、人間たちを控えめな道具として使い、ゲーテが「神でさえ手を焼く」と表現した、人間の恐ろしくも愚かな行いに後退りし、まったく新しい進歩の道を切り拓いているように思えるのです。その道は、私たちの道を閉ざしていた、いわゆる「宗教家」――本質的には非宗教家と言える人たち――ですが、彼らも見方を変えることでしょう。彼らは時代遅れの教本から、妖精を否定することはできないでしょうし、いったん妖精たちの存在を受け入れた暁には、ほかの心霊現象もより受け入れやすくなることでしょう。それではさようなら、親愛なるガードナー君。この画期的な出来事に、貴方とともにたずさわることができたことを誇りに思います。

　私たちはここ何度か降霊会で、「目に見える兆候が現れている」というメッセージを受け取ってきましたが、おそらくこのことだったのかも知れません。これらを真面目に検討し受け入れようとしない人類には、新たな証拠を提供される資格はありません。しかし、私たちのはるか以前の悪霊の同志たちは、私などよりずっと長いこと辛抱し、しかも寛大です。白状しますと私の心は、周りで見かける、無関心を装う卑怯な人や他人の非難を恐れる人たちにたいする冷たい軽蔑で、本当はいっぱいなのです。

敬具

アーサー・コナン・ドイル

　このあとに何度かガードナー氏は手紙を送ってきた。そのなかで彼は、第二期の写真〔再び撮影された妖精写真〕が撮られた直後の九月、再び北部に行き、以前にもましてライト家の人々の正直さと、写真の信憑性を確信して戻ってきたと書いている。一部を抜粋しよう。

私のヨークシャー訪問は、とても有益でした。私は一日中ライト家の人たちと一緒に過ごし、新しい現場を写真に撮影しました。この現場は、最初に妖精が撮影された場所のすぐ近くであることがわかりました。撮影した写真を数枚同封しました。「ゆりかご」または「あずまや」の写真が撮られたのは、そこに映っている池のそばです。空中の妖精たちは飛んでいるというより跳ねているという様子だったそうです。エルシーの話では足元の茂みから五、六回跳びあがり、いちばん高い位置に来たときには、空中で停止しているように見えたそうです。エルシーが撮影したのは妖精が跳びあがった五回目くらいのときだったようです。フランシスは、妖精たちの動きが活発だったので、自分の顔に向かって跳んできたのかと思って、残念なことに頭をのけぞらせてしまったのだそうです。妖精の動きは写真で確認できます。別の写真でエルシーを見ている妖精は、妖精のイトシャジン〔アヤメに似た優美な花で、ユリの一種〕を一束手にしており、その髪形は現在流行のものと同じ「ボブ」ヘアです。しかも衣類はまさしく最新のデザインなのです。もっともエルシーに言わせれば、髪は短くカールがしてあって、「ボブ」ではなかったということですが。例の「ゆりかご」の写真については、二人とも右側に妖精、左側にとりすました顔の小妖精（スプライト）を見たけれど、「あずまや」は見なかった、とエルシーは言っています。正確に言えば、左右の妖精たちのあいだに霞のような渦を見たが、気には止めなかったそうです。私たちは、見事に写真の公表に成功してきました。あとは、原板が偽造された可能性はないとする専門家たちから証明書が入手できれば、完全に確実な証拠を得たように思います。露出時間は五〇分の一秒、距離は一メートル前後。カメラは私がエルシーに贈った「カメオ」が選ばれ、乾板も私があげたものでした。服の色などについてはみなお伝えしましたが、少し経ちましたら、こうした特徴は詳細にまとめて郵送いたします。

また、お伝えした点についても、十分に書き尽くすつもりでおります。

一九二〇年十一月二十七日

写真について。

九月に、例の三枚の写真の調査のためにヨークシャーにいたとき、撮影の現場を写真に収めました。もちろん、失敗のないよう撮影には充分気を配ったつもりです。子供たちが一緒にいた八月の二週間のあいだ、撮影可能なまともな日照時間はたったの二時間程度しかありませんでした。それでも木曜に二枚、土曜に一枚、彼女たちは写真を撮りました。もしその時期の天候が安定したものだったなら、二十枚、いやそれ以上の写真が撮れていたかも知れません。しかし出来れば、私たちはあせらない方がいいでしょう。来年の五月か六月、再度この種の撮影に取りかかるのはいかがでしょうか。撮影に使われたカメラも乾板も、私がエルシーに贈ったものでした（私は無関係ですが、乾板にはどれもアイリングワース社の非公式な印が付いています）。新しい三枚の妖精の原板は、この印の付いたものだということがわかりました。これは同社の支配人が確認できることでしょう。「ゆりかご」または「あずまや」の原板は、前にお伝えしたと思いますが、偽物ではないとはっきり言われておりますし、この結果についてはちゃんとした声明が得られるものと思います。（後略）

さらに詳しい説明が、このあとガードナー氏によって述べられている。

八月二十六日木曜日午後、まずまず明るい陽が射す日で、幸運にも（というのも、時季外れの寒い天候で、こうした撮影には最悪という天候でした）、何枚かの写真が撮られ、また八月二十八日の土曜日も同じようでした。ここにある三枚の焼き増しが、なかでももっとも衝撃的で驚きを隠せないものです。私は、あらゆる読者が本物の原板から直接引き伸ばした、三枚のなんとも言えない美しい写真を見てくれることを願うだけです。「飛ぶ妖精」【口絵写真C】のこの上ない優雅さには、形容し難いものがあります。実際、写真に写ったすべての妖精が、まさにあのパヴロワ（当時のロシアの花形バレリーナ）のミニチュア版といった感じです。その次の花を差しだす妖精の写真は、優しさと高貴さを示したポーズの見本と言えましょう。しかし、私が格別に、詳細に注目したいのが三枚目の写真なのです。今まで一度も、あったとしてもこんなにはっきりと、妖精の「あずまや」が撮られたことはないでしょう。中央に位置する、見た目には繭のような、開いた状態のサナギの中間とも言えるような、この世のものとは思われぬ繭質のものが、草むらの真ん中にヒョイとぶら下がっています。これが妖精の「ゆりかご」あるいは「あずまや」なのです。上部左端には、一糸まとわぬ姿の妖精がきれいに彩られた羽根を広げ腰掛けており、見たところ、まさしく目覚めの時を待っている様子です。先に起きたかなり成熟した年齢の妖精が右側にいますが、見事にたっぷりした髪とすばらしい羽根をしています。その妖精はわずかながら密度の濃いめの身体が、衣服の中に一瞥できます。その上方のもっと右側には、茶目っ気のある笑顔をした、輪郭のはっきりした頭のエルフが見え、ぴったり合った帽子を被っています。いちばん左端には、非常に透けた羽根のあるすました顔の小妖精、スプライトがいます。そしてちょうどその上には、残念ながらかなりぼやけていますが、羽根を広げ両手を伸ばしている妖精がいて、草の先端に降り立っています。

妖精の横顔は、私の持っているプリントではくっきりと輪郭まで見てとれますし、細部の調子もよく出ています。総じて、うまく撮れた三枚のなかでもおそらくこの「あずまや」の写真が、もっとも衝撃的で興味深いものでしょう。人によっては、飛び立つ姿の驚くほどの優雅さに惹かれるかもしれませんが。「あずまや」の写真がいま一つ鮮明度に欠けているのは、おそらく妖精たちの身体に、人体にある要素のような濃さが、不足しているためと考えられます。

ところで、妖精たちの魅惑的な「あずまや」の存在が、こんな方法でいきなり私たちに伝わったのは、少女たちからすれば予期しなかった結果と言えましょう。彼女たちは、右側の茂った草むらの中に、何か落ち着いた様子の妖精を見たけれど、今回彼女たちは、自分たちだけで写真を撮ろうと試みはしませんでした。アイリスという少女が草むらにカメラを近づけ、写真を撮ったのです。「あずまや」が近くにあったのは、幸運な偶然にすぎなかったのです。アイリスは原板を見せてくれながら、風変わりで面白い写真だけれども、自分には理解できない、とだけ私に言いました。

これはたしかに問題である。しかしそのとき以後、それらの写真の正当さを揺さぶるようなことは何一つ起こっていない。私たちは当然、もっと写真を入手したかったので、一九二一年の八月にもう一度、彼女たち二人を現地に連れていき、立体鏡、映画用のカメラなど、高性能の撮影機材まで彼女たちが自由に使えるように用意した。けれども運命とは皮肉なもので、成功への道の途中に状況が悪く組み合わさり、立ちふさがったのである。

まず、フランシスがコティングリーに滞在できる期間は二週間しかなかったが、そのほとんどがひっきりなしの雨に襲われてしまった。ヨークシャーでは七月の終わりに、長い干伐が終わったところで、さらに小さな石灰層が妖精の谷間で見つかり、人間の磁気によってかなり汚染されてしまっていた。こうした状況は克服できたかもしれないのだが、この試みで大きな障害となったのは、少女たちの変化であった。一人は大人の女性に成長しつつあり、もう一人は寄宿学校の教育のもとにあり――つまり二人とも、霊媒能力を徐々に失いつつあったのである。しかし、記録するのにふさわしい進展も一つあった。彼女たちは乾板の上に実体化できるまで妖精の姿をとらえることはできなくなったが、霊視能力は完全に失ってはいず、谷間に生息しつづける精霊やエルフを見ることは、今も変わらずできたのである。懐疑論者が聞いたら、当然、私たちは彼女たちの話を鵜呑みにしただけと言うであろう。だがそれは違う。ガードナー氏に友人がいる。ここでは仮にサージェント氏と言っておこう。彼は第一次世界大戦時に戦車部隊の任務に就いており、現在は名高い紳士で、人を騙したりするような意思もなければ動機のかけらもないといった人物である。この紳士は、昔から羨むほど高水準の霊視能力を持っているのだが、ガードナー氏が、少女たちの陳述の真偽を確かめるのに、サージェント氏の力を借りてはどうかと思いたったのである。氏はたいそう人柄がよく、貴重な休暇である一週間を犠牲にしてくれた（彼ならではの好奇心にみちたやり方で――ほんとうに彼は働き者だった）。しかし結果は氏にも充分報いのあるものだったようだ。私の目の前には彼からの報告書がある。これは彼が実際に観察した現象を記録した備忘録の形になっている。

　記録によれば、時たま晴れ間がのぞいたものの、全般に悪い天気が続いたようだった。少女たちと一緒に座っていると、彼女たちに見えたものはすべて彼の目にも見えた。これは、氏の能力のほうが少女たちよりかなり優れていることの証しである。超自然的な対象物を識別したとき、彼はその方角を指ししめし、彼女たちに口頭でそれを描写させたという。すると彼女たちは能力に限界はあったが、いつも正しく描写して彼に応えたという。サージェント氏の記述によれば、妖精の谷全体はたくさんの種類の「原始霊《フォーム・オブ・エレメンタル・ライフ》」でいっぱいということであった。また、木の精霊やノーム、ゴブリンだけでなく、小川の上を浮遊する、滅多に見えない水の霊も見えたのである。やや支離滅裂になったサージェント氏の備忘録からは、長い抜粋を取り上げ、次の独立した章で扱おう。

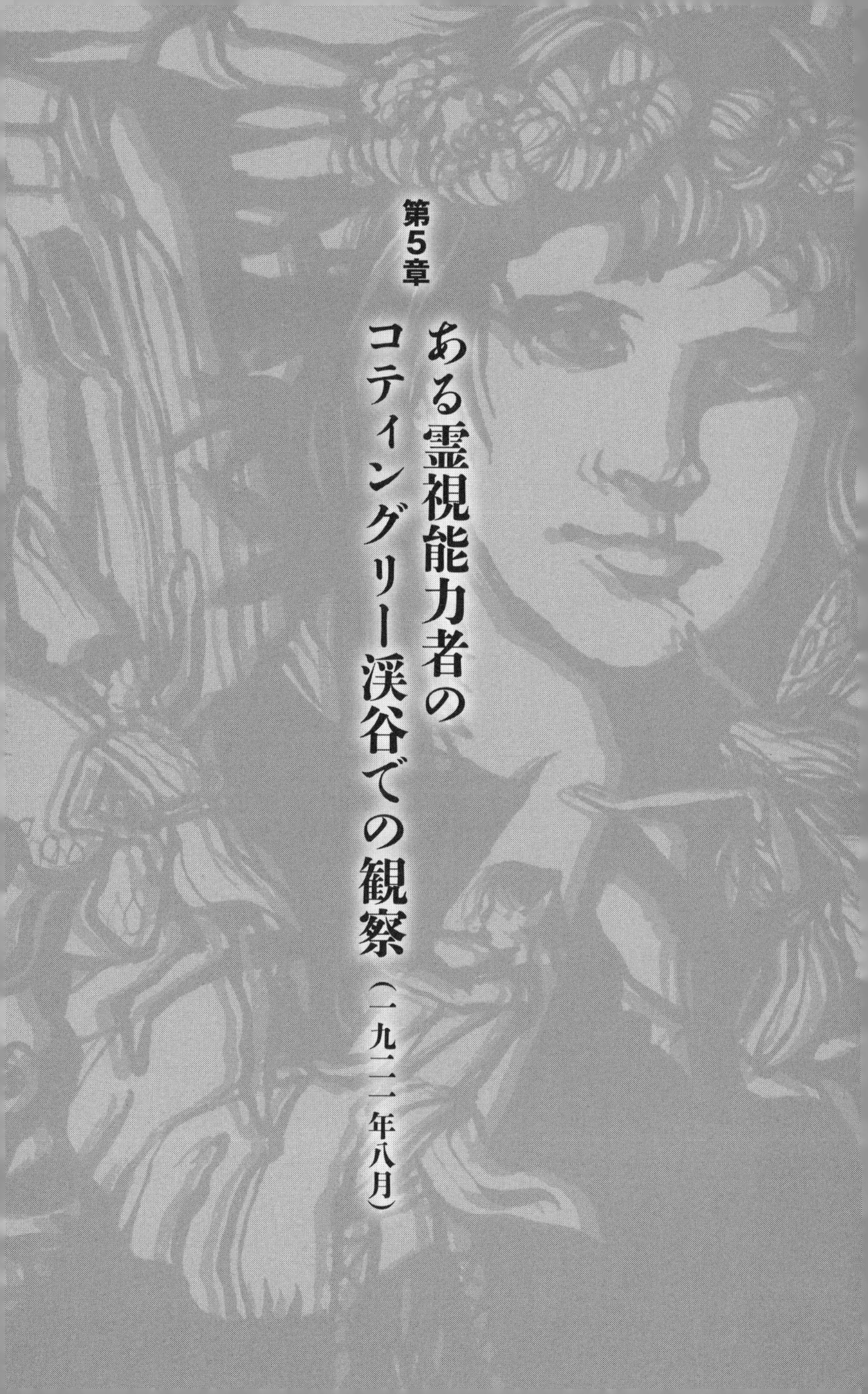

第5章

ある霊視能力者のコティングリー渓谷での観察（一九二一年八月）

ノームとフェアリー［一九二一年八月］

コティングリーの野原。ノームと同じ大きさの群れを見た。グロテスクに歪んだ姿で、どれも奇妙な顔付きをしていた。とくにそのなかの一人などは、自分の両膝をぶつけ合わせて喜んでいた。エルシーには、一人が消えては別のものが同じ場所に現れるというように、一人ずつしか見えなかったようだが、私には群れに見えた。とくにそのうちの一人が際立ってはっきり見えた。またエルシーには例の写真に映ったものに似たノームが見えたようだが、あれほどの明るさも色彩もなかった。私には女性の姿をしたフェアリーの群れが見えた。彼女たちは人間の子供たちのするゲーム「オレンジとレモン」〔イギリスの子供の歌遊び〕にやや似た遊びをしており、輪になっていた。そのゲームはランサーズのカドリル〔スクウェアダンスの一種〕の大きな輪を思わせた。輪の真ん中には妖精が一人、静止に近い状態で立ち、その周りを踊る残りのものたちは花で身を飾り、本来の自分たちの身体の色とは違う色を帯びているように見えた。何人かが手を取り合ってアーチを作り、ほかのものたちは迷路に入るように、その下を出たり入ったりしていた。このゲームの結果は、妖精たちの力の渦を形成していくようで、回転しながら、地上一、二メートルの所まで上昇していった。また妖精のなかには、ここより草が濃く密生している場所でも、これと似たような別の活動を行っているものたちがいるのが見えた。

ウォーター・ニンフ（水の精霊）

大きな山石から小さな滝が落ち、小川《ベック》に注いでいるが、その流れに小さなウォーター・ニンフの姿が見えた。ニンフは身体に何もまとわず、女性の姿をしていた。長くきれいな髪を指でとかしているようだった。足があったかどうか定かではない。全身はまばゆいばかりにピンクがかった白さで、顔はとても美しかった。両腕は長く上品で、それを波のように動かしていた。時々、歌を歌っているようだが、声は聞こえなかった。ニンフのいた場所は、突き出た岩や苔で出来た洞窟のようなところだった。見たところ羽根らしいものはなく、しなやかな蛇のように水平気味に動いていた。全体から醸しだされる雰囲気は、ほかの妖精たちとはまったく異なっていた。ニンフは私がいるのに気づいていないようなので、写真を撮ろうとカメラを構えて機会を待ったが、それはまるで周囲に溶けこんでいるようで、けっしてその場から離れることがなかった。

ウッド・エルフ（樹木の妖精）［一九一二年八月十二日］

コティングリーの森にある古いブナの木の下。

私たち三人が、倒れた木の幹の上に腰掛けていると、二人の小さなウッド・エルフが地面を駆けてきて、目の前を通り過ぎていった。私たちに気づくと、一・五メートルほど先で急に止まり、怖がりもせずに、面白そうにこちらを見ながら立っていた。ウッド・エルフは全身にぴったりくっついた一枚の皮で覆われているように見えた。その皮は濡れたように光っていた。手足は身体と比べて不釣合に大きく、足はなんとなく細く、耳は大きく先のほうが尖っていて、西洋梨のような形をしていた。

よく見ると周りに地面を駆けずり回っている、同じような姿のエルフがたくさんいて、追いかけっこをしていた。尖り口は裂けたように大きかったが、確認したかぎりでは口の中には歯も舌もなかった。全身はまるでゼリーで出来ているようだった。身体全体をエーテルのようなオーラが囲み、彼らを覆っていたのは、緑色に光る化学薬品の蒸気に似たものだった。

フランシスが近づき、五、六〇センチぐらいの距離の所に腰掛けると、彼らは警戒したのか、二メートルくらい後退りした。そしてそこに止まると、私たちをじっくり眺めて、その印象を自分たちと比べているみたいだった。この二人は大きなブナの根元に住んでいて、人間が洞窟に歩いて入っていくように、その木の根元の割れ目から、地面の下に潜って姿を消してしまった。

ウォーター・フェアリー(水の妖精)[一九二一年八月十四日]

霧のような水飛沫があがる小さな滝のそば、その飛沫の中に小さなウォーター・フェアリーの姿が見えた。身体はとても細かった。主として二色から成り、上半身とそのオーラは淡いスミレ色で、下半身は淡いピンクだった。この色調は、オーラとより密度の濃い身体のあいだを貫いているらしく、身体の輪郭がオーラに溶けこんでいるようだった。この生きものは吊りさげられたように均衡を保ち、身体を優雅に後ろに反らせて、左腕を頭上高く掲げ、あたかも水飛沫に生命力を支えられているようで、カモメが風に逆らって飛んでいるように見えた。小川の流れが変わる場所では、流れにそって仰向けに横たわっているように見えた。容姿は人間と似ていたが、性別はつかなかった。しばらく同じ態勢でいたが、そのうち視界からぱっと消えてしまった。羽根は見えなかった。

小川（ベック）の光景（1921年撮影）

フェアリー／エルフ／ノーム／ブラウニー【八月十四日日曜日、午後九時、野原にて】

静かな月明りの心地好い夜だった。野原いちめんに自然の精霊たち——ブラウニーやフェアリー、エルフ、ノームなどがひしめきあっているように感じられた。

ブラウニー

ふつうの妖精たちよりやや背が高く、二〇センチぐらいで、服は茶色で、濃い茶色の縁取りがある。ほぼ円錐形をした袋状の帽子、半ズボン、靴下、細い足首——ノームのように大きく先が尖った足をしている。恐れる様子もなく、反対にまったく親しげで、興味があるという感じで私たちに向かって立っていた。目を大きく見開いて私たちを見つめ、まるで知性の夜明けとでもいうように、好奇心旺盛なところを見せていた。あたかも自分の頭では理解できないものに直面しているといったふうだった。後ろを振り向いて、私たちのほうに向かってくる妖精たちの群れを見て、道を空けるようにして脇へ寄った。その精神状態は半ば夢見心地のようで、まるで子供が「僕は一日じゅう、踏んばってこいつらを観察してやるぞ。飽きたりなんかするもんか」とでも言いたげだった。ブラウニーは明らかに私たちのオーラが見えており、放出するものにはっきり影響を受けていた。

フェアリー

フランシスは輪になって踊っているフェアリーたちを見た。フェアリーたちの姿はだんだん大きくなり、四、五センチくらいになった。大きくなるにつれて輪も広がっていった。エルシーはフェアリーたちが垂直の輪になって踊り、ゆっくり回りながら飛んでいるのを見た。フェアリーは草むらにふれると、素早いステップを二、三回踏み、上昇して輪の周りでゆっくり動きつづけた。踊っているフェアリーたちは長いスカートを履き、足が透けて見える。その光景は幻想的だ。輪は黄金の光にすっぽり包まれ、外郭はさまざまな色調を帯びているが、スミレ色が際立っていた。その動きはアールズコートにある時計の大車輪を思わせる。フェアリーたちは地面を離れると、空中をゆっくり漂い、再び地面に降り立つまで、身体も手足も動かさずに空中にとどまっている。こうした一連の動きには、チリンチリンと鳴るような音楽の伴奏がついている。これはゲームというよりは儀式のようである。二人のフェアリーが、まるで舞台上で何か演じているような光景をフランシスは見た。一人は羽根があり、もう一人にはなかった。両者とも、陽の光を浴びたさざ波の立つ水面のように全身が輝いていた。羽根のないほうのフェアリーが、曲芸師のように頭が地面にくっつくほど後ろに反り返ると、羽根のあるほうがその上にまた反り返る。フランシスが小さなせむし男のような姿を見る。男はウェールズ地方の帽子のようなものを被り、その帽子を取ったりお辞儀したりしながら、地面を踵で叩くような仕草をしながら踊っていた。

エルフ

エルシーが、カーネーションの形をした花の精を見た。茎が花の部分に接するあたりに頭があり、種皮が出来る緑色の萼片から腕が突き出して、花弁がスカートになっており細い足がのぞいている。草の上で、軽快に踊っていた。色彩はカーネーションと同じ淡いピンクで、全身覆われていた（月明りの下でこれを書いている）。

背丈六〇センチほどの男女のカップルが見えた。二人は野原の真ん中で、スロー・ワルツに似たダンスを踊り、逆回りさえしている。彼らは空気のような素材の衣服を身にまとい、見たところはむしろ幽霊のようだった。身体の線はくすんだ光でぼやけており、細部はほとんどわからなかった。

エルシーが猿に似た小さなイムプを見た。イムプは木の幹をゆっくり回転しながら、てっぺんを目指して登っていく。私たちに見せるためにやっている、と言わんばかりに茶目っ気ある目付きをして、その動作を続けていた。

あのブラウニーはというと、興行師《ショーマン》の義務を買ってでたと言わんばかりに、ずっとすべてを眺めつづけていた。

およそ六メートルほど先のところに、「妖精の泉《フェアリー・ファウンテン》」とでも言うようなものが見える。これは大地から妖精の力が湧きでることによって生じたもので、たくさんの色をちりばめながら、空高く魚の尾の形に広がっている。この光景はフランシスも目撃した。

【八月十五日月曜日、野原にて】

野原を横切り、森に駆けこむ三人のノームの姿を見かけた。同じものは前にも森の中で見たことがある。岩壁から約一〇メートルほど離れたところに来ると、彼らは森の中へ跳ねていって、姿を消してしまった。

エルシーは、野原の真ん中で美しい妖精の姿を見た。それは、どこかマーキュリー〔ギリシアのヘルメス。商業の神。羽根のある靴を履く〕の姿に似ていて、羽根のあるサンダルこそ履いていなかったが、妖精の羽根は付いていた。何も身にまとわず、明るい縮れた髪をして、草むらの暗がりで跪き、地面にいる何ものかにじっと視線を注いでいた。

とつぜん、姿勢が変わった。まず踵を立てて深く腰をおろし、次いで膝が伸びきるほど疾走する。通常の妖精より一段と大きく、おそらく五〇センチはあるだろう。地面の何かに両腕を振ってからそれを拾いあげると（赤ん坊かと思うのだが）、胸に抱いてお祈りをしているようだ。顔立ちはギリシア人のようで、ギリシア悲劇から抜け出たギリシアの彫像に似ていた。

【八月十六日火曜日、午後十時、野原にて】

小さな撮影用のランプの明りの下で記す。

フェアリー

エルシーが、輪の外側を向くかっこうで手をつないで飛ぶ、妖精の輪を見た。輪の真ん中に何かの姿が現れた。するとフェアリーたちは、身体を内側に向けた。

ゴブリン

森の中からゴブリンの一団が、私たちのほうに走って来ると、四、五メートル手前で止まった。彼らはウッド・エルフとは少々違い、どちらかというとノームに似ていた。しかしノームより小さく、ブラウニーを小さくした感じのようであった。

フェアリー

エルシーがかなり近くで美しい妖精を見た。裸で亜麻色の髪をし、草むらの中で跪いた。膝の上に両手を置き、私たちに向かって微笑んだ。顔はたいへん美しく、ずっとこちらを見ていた。このフェアリーは一、二メートル近くまでやってきたが、見つめているうちに、消えてしまった。

エルフ

エルシーがエルフの仲間を見つけた。髪を後ろになびかせ、素早い速度で走っていた。その周りに風が起こっているようだったが、実はその位置は少しも変わっていなかった。それでも忙しく駆け回っているように見えた。

ゴブリン

イムプに似た容貌の小人たちが、キンパラという小鳥の群れが飛ぶように、草むらにはすかいに空から下降してくるのをエルシーは見た。

二列になって飛行し、下降するにしたがって、互いの列を交差させる。一つの列は、それぞれが足を真下のものの頭にくっつけて、真っ直ぐな列をつくって垂直に下降し、もう一列は肩と肩を並べて、それを横切るように降りてくる。地面に着くなり、てんでばらばらの方角に走り去る。みな何か大事な用事でもあるように真剣な顔付きだった。森から来たエルフの群れは、ただ野原を駆けめぐっているだけのようだ。走る速度にもそこにいるのにも、これといった理由や目的はない。ほとんどのエルフが近くを通り過ぎる際には、私たちを眺めていった。エルフというのは、妖精のなかでもいちばん強い好奇心を持っている生きもののようである。フランシスには三人の姿が見えたが、彼女はそれらをゴブリンと呼んでいた。

フェアリー（青い妖精）

身体の色は、海のような青と淡いピンクというよく見かける色。蝶のようにさまざまな色の模様がついた羽根がある。完璧な姿形で、身体にはほとんど何もまとっていない。髪には金色の星が輝いている。この時点では群れを引き連れてはいないが、このフェアリーは指導者の地位にあるようだ。

フェアリーの群れ

とつぜん、フェアリーの大きな集団を引き連れた指導者が、野原に現れた。彼らの出現で野原一帯が明るく輝きだし、五メートルほど先まで、見渡すことができるようになった。指導者である女性は独裁者のように振るまい、有無を言わせぬ的確な命令を下している。

フェアリーたちは、指導者を囲んで次第に輪の形を作る。輪が大きくなるにしたがい、草むらにはやんわりと燃えるような輝きが広がる。その光は、フェアリーたちの動きに刺激されるように野原の上で輝きを増していった。

この野原にやって来た移動する集団は、はるか彼方から飛んできたかのように、木のてっぺんを旋回する。そして二分も経たないうちに、その輪は直径およそ三メートルほどになり、燦然たる光を放った。群れの全員はみな、細い光の流れで指導者につながっている。この細い光の流れは、色はさまざまだが主に黄色で、だんだん濃いオレンジ色になっていき、流れの先で輪の真ん中にいる指導者のオーラに溶けこみながら、輪の中で前後に揺らいでいる。この流れで作られたものは、椀状のフルーツ皿を逆さにした形に似ている。中央にいるフェアリーが軸となり、光の列がその椀のような側面に、優雅に曲線を描くように流れているのだ。

集団は一心不乱に活動していた。それはまるでやるべきことをたくさん抱えているのに時間がとても足りないというような様子だった。指導者は自分の内部から生気があふれてきて、それに突き動かされて指示を出しているようだ。彼女は自分の意識を、今いる水準よりさらに鋭敏なところまで引き上げようとしているようであった。

フェアリー

エルシーが、背が高い何か風格のあるフェアリーが、ヘアベルの花（イトシャジン草）の群生地を目指して、野原をやって来るのを見つけた。

フェアリーは両腕に、薄く透きとおった物質に包まれた赤子らしきものを抱えている。それをイトシャジンの群生地に横たえると、フェアリーはあやすような仕草をして跪いていたが、しばらくするといなくなってしまった。

四本足の生きものたちが、羽根のある細身の何かを乗せているのが見えた。乗っている方は、騎手のように背中を丸めている。この四本足の生きものは地上の動物ではない。芋虫のような顔だった。

野原の至る所で、こうしたフェアリーたちの営みを目にした。

時折、真剣な物腰で野原を歩くノームのような姿をしたもの、真面目に働くいろいろな種のフェアリーたちに混じって走りまわる、ウッド・エルフやイムプのような格好のもの。私たち三人は全員とも、原始的な形態をした奇妙な生きものをよく目にしたものだった。

エルシーは、三日月形の編隊で飛びながら、私たちのほうに移動してくる十二人ばかりのフェアリーを見た。フェアリーたちが近づくにつれ、エルシーはその編隊の完璧なまでの美しさに我を忘れて声を

「翔ぶ妖精」を撮影した場所近くの2人の少女（1920年撮影）

あげた。するとフェアリーたちは、そんなエルシーに「嘘おっしゃい！」とでも言わんばかりに、顔を実に醜く豹変させた。そしてエルシーをにらみながら消えていった。これは、妖精という生きものが、進化の段階では人間にたいして敵対意識や嫌悪感を抱いているものも多いということであり、ちょうどそうしたものにふれたからなのだろう。

　フランシスが、すぐ近くで奇怪な姿をした七人の小さなフェアリーが、うつ伏せになっているのを見たという。

【八月十八日、午後二時、渓谷にて】

　フランシスが自分と同じぐらいの大きさのフェアリーを見た。

　タイツを付け、腰の周りにスカロップ飾り〔貝殻状の襞飾り〕が付いた衣装を着ていたという。衣装は身体にぴったりしたもので色は肌色。大きな羽根を頭の上で開き、両腕を脇から頭上にあげ、空中で優雅に振った。とても美しい顔立ちで、フランシスを「妖精の国」へ招きたそうな表情を投げかけた。髪は見たところボブ・スタイルで、羽根は透きとおっていた。

金色のフェアリー

　一人、格別に美しい姿をしたフェアリーがいた。

　虹色にきらめく金色の光のようなものをまとい、丈のある羽根をしていて、その羽根は二枚とも、ほほ上部と下部に分かれていた。下方は上方のものより小さく、蝶の羽根のように端が細く伸びているように見えた。羽根をぱたぱたさせながら、両腕を動かしていた。このフェアリーは、金色の驚異とでも言い表すほかはないように思えた。金色のフェアリーは微笑みながら、明らかに私たちを見ていたようだ。指を唇に当て、ヤナギの木の葉や枝の間から、絶えず笑みを浮かべていた。肉眼では実際に見ることは出来ない。右手を動かし円を描くような動作をすると、足元を指さした。そこには六、七人ぐらいの羽根のあるケルビム〔九天使中第二位の天使。子供の姿をとる〕が見えた。見えざる意志によって、こうした形が見えるような気がした。金色のフェアリーは私に魔法をかけたようで、木々や花々のあいだから、じっとこれらを見ていた。

そのフェアリーが立っている所から、エルフに似た生きものが、垂れ下がったヤナギの枝を駆け登っていく。これらはあまり楽しい客ではない。フェアリーたちのなかでも明らかに下等な部類のもののように思う。

第6章 妖精に関する個人的見解

偶然の一致かも知れないが、これは珍しい出来事と言えるかもしれない。というのは、妖精が実在する証拠が最初に私の手元に届いたのは、ちょうど私がその題材に関して「ストランド・マガジン」誌に記事を書き終えたばかりのときだったからである。記事のなかで私は、妖精が目撃された多数の事例を詳細に取り上げ、そうした生きものの実在を支持する根拠が、いかに確固たるものかを示した。この章ではそのときの記事をそのまま再び掲載して、写真の出版後に私に届いた新しい証言を、次の章に付け加えたい。

「ストランド・マガジン」誌の記事（コナン・ドイル執筆）

水底深く住んでいて、目撃されたことのない未知の生物が、あるとき日向ぼっこをしようと砂地にあがって来たところを、たまたま人に目撃され、そして再び水の中に戻っていく。そうした水陸両性の生物を、想像することにわれわれは慣れている。しかしもしその生物の出現自体が稀なもので、しかもそれを誰よりもはっきり見たという目撃者が現れたとなれば、相当な議論が起るであろう。懐疑論者は、手をかえ品をかえて理由を挙げ、こう言うだろう。「経験から言って、陸上で生きるのは陸の生物だけだ。水中から陸に出てきてまた水中に戻っていくような生物の存在など、まったく信じることはできない。もっとも、決定的な証拠を見せてくれれば考えないでもないが」と。こんなもっともらしい反論にあえば、もはや目撃者はたしかに自分の目で見たのだが、とぼやく以上は何も出来ない。そして懐疑論者に軍配があがる。

この種のことは、多くの心霊論争についても言えるだろう。地面に水際があるように、この宇宙にも境界線が存在することは、充分に想像できる。その境界線は、われわれが曖昧に高振動と呼んでいるものに依っている。それなら作業仮説として、振動理論を使って高低率を上下させることで、生物が物的視界の境界線を越え、ある側から別の側へと移動するということも可能だ、と考えられるのである。たとえば、カメが水中から陸へ移動するように、可視界の内へやって来ることもあれば、爬虫類が、寄せる波に動かされて水中に避難するようにして、不視界に戻っていくこともある。もちろんこれは仮説である。しかし、科学の先駆けというものは、いつも入手できる証拠に基づいた理性的な仮説から始まるわけなので、この方向で進めていけば、実際的な解決法は見つかるであろう。私が言わんとしているのは、霊というものの回帰についてではない。それについては、七十年に及ぶ綿密な観察の結果、ある種のたしかな法則が発見されているが、ここで述べたいのは、妖精と「幻影現象《ファントム・フェノメナ》」のことである。妖精、そして幻影現象は、過去何世紀にもわたって人々に信じられてきており、この物質主義の現代にあっても、思わぬ形で生活のなかに入りこんでいる。

ヴィクトリア朝時代の科学だけに頼るなら、この世界は月面のように堅く味気なく、あからさまな風景としてしか目に映らないであろう。この科学が明らかにしてくれた真実は、暗闇の中に微かにともる明りのようなものにすぎない。明快な知識の環に限定されたものの外側には、大きな幻想的な可能性が、われわれを取り巻いているというのに、われわれにはそのぼんやりした影しか見えないのである。しかしその可能性は、無視することのできない仕方で、いつもわれわれの意識に訴えかけてきている。

ところで境界領域の生きものに関する記録には、興味深い価値ある証言が数多くある。事実のものもあれば想像のものもあるが、想像によるものの方が多いのは間違いないだろう。しかし人類が培ってきた基準をもってすれば、事実と判定すべき証言も確かに存在する。題材が広がりすぎるのは本意ではないので、ここでは妖精の話に限定しよう。さらに普遍的に一貫して存在する古代からの伝説はこの際省略して、現代の例証に限定することにしよう。最近の事例を見ていくと、この世界がわれわれの想像を越えて、複雑なものであったことが感じられる。つまり地球上には、想像もつかない科学形態を後世に切り拓くかも知れない不可思議な隣人が存在しており、われわれが共感を示し援助の手を差しのべれば、彼らは奥深いどこからか、境界領域に現れるかもしれないのである。

私の手元には膨大な事例の記録がある。これらを検証して私は二つの特徴を見つけた。一つは、子供のほうが大人より頻繁にこれらの生きものを見ているということ。これは子供のほうが大人よりも、認識の感覚が鋭いからではないかと思われる。あるいはその生きものが、子供には悩まされることが少ないせいかも知れない。もう一つは、目撃された記録の事例には、太陽が燦々と照りつける暑い夏の日に多いということである。「太陽で頭がおかしくなるのだ」と懐疑論者は言う。そうかも知れないし、またそうでないかも知れない。もしそれがわれわれの周囲の振動が、ゆっくりと上昇するといった問題ならば、熱が音もなく上昇した状態は、まさしくそうした変化に好都合のものと想像できるだろう。では砂漠の蜃気楼はどうなのか。キャラバン隊の進行方向に、何キロ四方にも砂漠がつづいており、その先には丘や湖はおろかその反射を作る雲も水蒸気さえもないのに、隊の全員に丘や湖が見えることがあるだろう。こう問いかけてみることはできるが、私はあえて答えを出そうとは思わない。ただ、明らかにこの現象は、像が成立して混乱したために起こるのでも、雲や水蒸気のある場所で像が逆さに見えて起こるのでもないことだけは、言っておきたい。

何でも打ち明けられる信頼できる大人になら、子供は自分が妖精を見たことがあると話すことがいかに多いか、これは目を見張るほどである。私にも男の子が二人、女の子が一人いる。みなとても正直な子供たちだが、どの子もそうした生きものが現れたときの様子や、そのときの周囲の状況を詳しく話してくれる。三人ともそうした生きものを見たのは一度きりで、いずれの場合もそこにいたのは妖精は一人だけだったという。場所は、三回のうち二度は庭、一度は保育所だったという。友人間の調査では、子供たちの多くは同じような経験をしているそうだ。しかしいったん笑われたり疑われたりすると、彼らは一様に口をつぐんでしまう。彼らが目にした形は、絵本に載っているようなものと違うこともある。「妖精ってナッツとかコケみたいなんだよ」。レディ・グレンコナーが行った家族調査で、子供たちはこうほほえましい描写をしたという。わが家の子供たちが見た妖精は、どれもまちまちな背丈をしていたらしいが、背丈など違いがあって当たり前なのかもしれない。しかし着衣はというと昔から語りつがれてきたものとたしかにそっくりだったので、結局のところ彼らが見たのは本物の妖精だったのかも知れない。

幼年時代に同じような体験をした人は多い。しかしたいがいの人は、あまり理にかなっているとも思えない物的理由から、なんとかそれを片づけてしまう。S・ベアリング=グールド牧師は、優れた民族学の自著のなかで、個人的体験を披瀝している。氏の証言は、私が言及してきた証言の例証とも言えるものなので、ここに載録しよう。

ベアリング＝グールド牧師

一八三八年、私が四歳だったときのことです。

ある暑い夏のこと、モンペリエに向けて家族で馬車をとばしていました。それは小石と煉瓦を敷きつめた、草もほとんど生えていない真っ直ぐな長い道でしたが、私は父親と一緒に馬車の御者席に座っていました。すると驚いたことに、六〇センチほどの背丈をした小人の大群が、馬と並んで走っているのが見えたのです。笑いながら、馬をつなぐ棒に座っているものもいれば、馬の背中に乗ろうと馬具をよじ登っているものもいました。私は自分の見たことを父親に知らせました。すると父親は、すぐさま馬車を止め、私を母親の隣に座らせたのです。そこは陽の光が完全に遮断された場所でしたので、そのお陰かイムプの数はだんだん減ってきて、ついには一匹残らず消えてしまいました。

たしかにこれなどは、日射病説を主張する人々にとって、けっして決定的とまでは言わないにしても、かなり有利な事例と言えよう。グールド牧師が示す次の例証などは、一種の探索器のような役割を果たすのではないだろうか。

妻がまだ少女の頃、十五歳だったときのことです。ヨークシャーの小道を歩いていますと、道の両側に緑の生け垣があり、そのプリヴェット垣（モクセイ科の植物）の一つに、きちんとした身なりの緑色の小人が座っているのが見えました。小人は輝くような小さい黒い目で妻を見つめました。背丈は約三〇センチ位だったそうです。妻は怖くなって走って家に帰りました。夏の暑い日だったと記憶しているそうです。

十五歳というのは、証人として充分に信用できる年齢である。しかも彼女が逃げ出したということ、そして記憶が細部まではっきりしているということから、その体験が本当のことだったということがわかる。またしても暑い日であった。

三つ目の事例で、グールド牧師はこう語っている。

ある晩夕食に使うために、息子の一人がサヤエンドウを庭に採りに行かされました。すると間もなく、彼は血の気を失い蒼白な顔をして、家の中に走り込んできてこう言ったのです。「豆の木のあいだでサヤエンドウを取っていたら、小人がいたんだ。赤い帽子に緑の上着を着て、茶色の半ズボンを履いていたよ。青ざめた年寄りみたいな顔に白い髭を生やしていて、目はリンボクの実みたいに黒く、硬直した感じだったよ」。その小人の見つめる様子があまりに熱心だったので、息子は逃げ出してきたということでした。

さて、再びサヤエンドウが出てくることからわかるように、この出来事もまた夏の暑い時間帯に起こっている。細部もきわめて正確だし、内容にもこのあと紹介する証言と共通点が多い。グールド牧師はこれらの証言を、みな暑さのせいで本に載っている有名な妖精の絵を思い起こしたせいだとしている。しかしこれから紹介する証言に耳を傾ければ、それでは説明がつかないことは、読者の方々にもおわかりいただけるであろう。

まず、ヴァイオレット・トゥイーデール夫人の率直な証言とこの話を比べてみよう。並々ならぬ霊能力の成果を自ら公表した彼女の勇気は、この問題にたずさわる者だれしもが真っ向から受けとめるべきだろう。彼女のように尊敬に値するおだやかな観察者の報告でさえ理解できないで、偽物だの詐欺師だのいんちきだのと、この問題をろくに知らない人々から、声高に非難されるのが今日の状況なのである。このように氏名が明かされた生の証言を手に入れるのが、どれほど困難なことか、おそらくわれわれの子孫にはわからないであろう。

夫人は次のように言う。

トゥイーデール夫人の手紙

五年ほど前のこと、私は妖精の存在を知ることになる不思議な体験をいたしました。ある夏の午後、デボンシャー地方のルプトン・ハウス通りを歩いていたのですが、それはまったく風のない、木の葉の一枚も揺れていない日で、暑い日射しの中で、まるで自然が眠っているようでした。数メートル先に、刃物のように尖った野生のアイリスの葉が、ひどく揺れているのが目に止まりました。ほかの植物は動いていないというのに、その葉だけは勢いよくしなっているのです。野ネズミでも馬乗りになっているのだろうかと思い、そっと葉に近づいてみましたら、なんと緑色の小人がいるではありませんか。十五センチほどの背丈の小人が、葉っぱを後ろに下に揺すっていたのです。緑色の長靴を履いた足を葉の上に組み、頭の上にあげた両手は葉を握り、陽気な表情をした小さい顔と、被った帽子が見えました。まるまる一分ほど、葉を揺らす姿を見ていましたが、やがて小人は消えてしまいました。それ以来私は、ほかに動いている植物がないのに、一枚の葉だけが激しく動いているのを何度か見ましたが、その動きを引き起こしている者の姿は、二度と見たことはありません。

まるで別の目撃証言であるにもかかわらず、「緑の上着に赤帽子」という妖精の服装は、グールド牧師の息子の話と同じである。しかも暑さと静けさという要素までも同じである。もしかすると、多くの画家がこうした服装の妖精を描いてきたため、その色が二人の観察者の潜在意識に、印象づけられていたのではないかとも考えられる。しかしアイリスの葉が揺れたというのは、脳の幻覚として簡単に片づけられることではない。これにはどこか客観性があるし、この出来事全体が印象的な証拠の断片であるように思えるのである。

次に挙げるのは、責任ある仕事に従事しているH夫人からのものである。彼女もトゥイーデール夫人と同じような経験をしたのである。

H夫人の手紙

私がただ一度だけ妖精を見たのは約九年前のこと、ウェストサセックス州の広い森の中でした。妖精は一五センチほどの小さな背丈で、葉っぱで身体を包んでいました。まるで魂がないような顔の表情が、目付きに現れていたのが印象的でした。その小人は長い草が生い茂り、花の咲く広い場所で遊んでいました。

この話も再び夏である。また妖精の背丈や色はトゥイーデール女史の目撃例と一致しており、一方で「魂のない表情」というのは、グールド牧師の息子が見た小人の目を「硬直した目《クレアヴォイアント》」と言ったことと符合するだろう。ボーンマスに住むターヴェイ氏は、英国でも指折りの霊視能力者に数えられる。氏の著書『霊視能力の初期段階』は、ぜひ書棚に持っておきたい本だ。同じくボーンマスのロンズデール氏もよく知られた霊視能力者である。次に紹介するのはロンズデール氏が送ってくれた手紙で、数年前にロンズデール氏とターベイ氏が一緒に過ごした際に観察した出来事の報告である。

ロンズデール氏の手紙

私はターベイ氏と一緒に、ブランクサム公園の庭に座っていました。小屋の中に腰をおろしたのですが、前方が開けていて芝生を見渡すことができました。いつもの習慣で、私たちは会話もせずしばらくのあいだじっと、ただ静かに座っていました。すると、とつぜん芝生の端が動いたのに気がつきました。芝生の先には松林があったのですが、注意して見てみますと、茶色の服を着た数人かの人たちが、草むらの中からこちらを覗いていました。数分のあいだ、彼らは黙っていましたが、やがて姿を消しました。そしてまた数分すると、こんどは、約六〇センチくらいの背丈で、明るい服を着て輝くような美しい顔をした、十二人かそれ以上の小人たちが、草地に走りでてくると、あちこちで踊りはじめたのです。

私はターベイ氏にも見えているのかどうか確かめようと、「小人たちが見えますか」と小声で尋ねてみますと、彼は頷きました。その妖精たちは、踊りながらだんだん小屋に近づいてきました。なかでも小さい身体のわりに大胆なものが、小屋にほど近いクロケットの小門までやってきて、その小門を鉄棒代わりにしてくるくる回ったので、見ている私たちもとても楽しくなりました。それを見ている仲間たちもいれば、かまわず踊っている仲間たちもいました。踊りは決まった型はないようで、喜びにまかせて動いているといったふうでした。四、五分間つづきましたが、とつぜん、おそらく芝生の端に残っていた茶色の服の小人たちが合図か警告を送ったのでしょう、それに応えるように全員が森の中に逃げ込んでしまいました。ちょうどそのとき、メイドがお茶を運んできたのですが、そのときのお茶はまったく有難くないものでした。明らかにメイドのせいで、小さな訪問者たちが姿を消してしまったのですから。

ロンズデール氏はこうも語っている。

「ニューフォレストでも何度か妖精を見たことがありますが、こんなにはっきり見たのはこのときが初めてでした」。これもやはり夏の暑い日の出来事だ。またこれまでの描写の概略からは、妖精は二種類に分類できるという証拠を見て取ることができるだろう。私はロンズデール氏が、常識もあり尊敬に値する立派な人物だと承知しているので、氏の証言をいい加減に追いやってしまうのはどうかと思っている。ここでは少なくとも、日射病のせいだという仮説は否定できる。なぜなら二人とも小屋の中の日陰に座っていたのだし、一人が観察したことをもう一人が確認しているからだ。ただ一方で、二人ともトゥイーデール夫人と同様に、人並みはずれた霊能力をもっていたから可能だったのかも知れないとも言えよう。たとえばメイドがもっと早くからその場に居合わせたとしても、彼女には二人のように妖精の姿を見ることは出来なかったかもしれない。

私の知己に、ある専門的な職業に就いている紳士——言うならば外科医のような——がいるが、たとえばこの記事が、彼と妖精に関する体験を結びつけたところで、彼は喜ばないだろう。彼は謹厳な職業についており、現実的かつ剛健な性格の持ち主であるが——高振動（高霊気）と言うべきものを認識できる天賦の才を授かっており——その能力のため人間に憑依するものへの素晴らしい扉を開いてくれる。それにもかかわらず、彼はこうした問題についてあまり語りたがらない。彼は子供の頃からそうしたものを知覚していたので、自分の見たものに驚くというより、自分の見たものが他人には見えないことに驚いていたようなのだが、それもすすんで語るというより、むしろ消極的に認めるといったふうなのである。それでも彼は次のようなことを語り、それが主観的な思い込みではないことを示してくれた。

X氏の話

あるとき野原を横切っていると、私は「ついてこい」とでも言っているように熱心に手招きする小人に出会ったのです。後についていくと、ある場所にさしかかるなりその生きものは、さも大事そうに地面を指さしました。見るとその場所には畝があり、あいだに火打石の矢じりが落ちていたのです。私は冒険の土産としてその矢じりを家に持ち帰りました。

別の友人で、妖精が見えると主張しているのは、霊視や心霊全般に際立つ能力があり、霊媒として知られたトム・ティレル氏である。私はヨークシャーのホテルで、彼と過ごした晩のことを忘れることはできない。部屋に入ると嵐のようなラップ現象〔霊魂が霊媒の周囲の物品に影響して、叩くような音を出す現象〕が起こったのである。複数の何かが指を鳴らしているような音がけたたましく鳴り響いた。彼は片手にコーヒーカップを持ち、まるで近づいてくる折り合いの悪い訪問者に警告するかのように、空いた手で思い切り叩いて追い払う仕草をした。そこで妖精について尋ねてみるとティレル氏はこう答えた。

ティレル氏の話

ええ、私はこうした小さなピクシーや妖精をよく見ますよ。もう数え切れないくらいの回数になります。しかし見たのは森の中で短いあいだ、断食をしたときだけです。でも彼らは、私にとってはまさに実在するのです。では妖精たちは何なのかは、私には説明できません。私は連中には、できても一、二メートルしか近づけないのです。連中は私を怖がっているらしく、近づくとリスのように素早く木に登ってしまうのです。あえて言うなら、私がもっとしょっちゅう森に行けば、彼らの信頼を得ることができるでしょうがね。

彼らは本当に人間にそっくりです。ただとても小さくて、身長は十数センチぐらいでしょうか。これまでにわかったのは、色は茶色で、身体に不釣合いなほどの大きい頭にとんがり耳、そしてがに股だということです。私は見たままをお話ししています。妖精を見たことがある人は大勢いると本で読んで知っていますが、妖精を見たという霊視能力者にはこれまでお会いしたことがありません。おそらく妖精たちは自然界の生命活動と何か関係があるのかも知れません。男性は髪が短いし、女性は長く真っ直ぐな髪をしています。

博識で知られるヴァンストーン博士は、これらの小さな生きものは意識的に自然の事業に従事している――ミツバチが花粉を運ぶのと同じように――という考えを繰り返し主張してきた。スウェーデンボリ〔一八世紀スウェーデンの神秘思想家〕という特例はあるにしても、知性の高度な発達というものは、通常は心霊的な知覚には障害になるのだが、ヴァンストーン博士は、理論に基づく偉大な知識と豊富な経験とを結合させ、考察を深めているのである。博士の考察が正しいならば、われわれはギリシア神話のナーイアス（水の精）やローマ神話のファウヌス（森の神）、あるいは木や森の精霊といった古典的な自然の概念にまで、回帰して考えなくてはならないのかも知れない。ヴァンストーン博士の経験したことは、客観的なものと、実際目には見えなくて感じとることができるものとの境界線上にあるようだ。博士は私宛ての手紙で次のように述べている。

ヴァンストーン博士の手紙

　私ははっきりとある場所、たとえばエクレスボーン渓谷のような所で、植物の生命力の進化に関係している微小で知的な存在を感じています。とりわけ池にある生命力は、私に妖精の生活を何よりも力強く感じさせてくれます。あるいは自分の主観的な意識を、非現実的な想像で覆っているのかも知れませんが、私にとって彼らは、感情も知性もあるものとして実在しているのです。程度の差はあるにせよ、意思の伝達もできるのです。こうした根源的な存在は、まるで工場労働者のように、自然の法則の操作を促し、それに従事しているものと考えたくなります。

トム・チャーマン氏は、非凡な能力を自負してる方である氏はニューフォレスト州に自分で小屋を建て、そこで昆虫学者が蝶を捕るように妖精を捕まえようとしているのである。私の質問に答えてチャーマン氏はこう言っている。

チャーマン氏の話

霊を見る力は子供の頃からあったのですが、その能力は長い年月のうちに、自然とかかわる割合に比例するように、弱くなっていきました。

その生きものの大きさはさまざまで、小さいものは数十センチ、大きくなると二メートル余りもあります。そして男性もいれば女性もおり、子供もいます。声を発するのを聞いたことはありませんが、われわれの耳には聞こえないくらい微妙な音を発しているはずです。彼らは昼間はもちろん夜間にも見えるし、ホタルと同じくらいの光を発しています。服装はさまざまです。

われわれはふつう、物理的振動《バイブレーション》にしか反応しないのだから、こうした霊視能力者を自己欺崎に満ち、精神的に歪んでいるのだと決めつけるのは、もちろんたやすいことである。実際彼らが、こうした非難から身を守るのは難しい。しかしながら一方で、これら多くの証言者たちが、人生においては堅実かつ現実的で、成功を収めた人たちであることをはっきり言っておきたい。ある人は著名な作家であり、ある人は眼科の権威だし、公務員の女性もいる。みなさまざまに成功した職業人なのである。自分たちの経験と一致しないからといって、こうした人々の証言を拒絶するのは、精神的に傲慢な行為であって、賢明な人間のすることではないと思う。

近頃の証言者たちが、率直に語った報告にはさまざまなものがあるが、それぞれの人が受けた印象を比較してみると、ひじょうに興味深い。妖精の出現が、太陽の暑い陽射しの降り注ぐ真昼どき、そのときの高振動がこれらの体験に好条件であることはすでに指摘した。しかしこの点を除けば、証言はそれぞれ異なっている。生きものの背丈の記述にしても一〇センチぐらいから六〇センチぐらいと幅がある。妖精の存在を支持する人たちはこう言うかも知れない。伝説によると妖精は出産する生きものだから、いろいろな成長段階にある妖精が存在するものと考えられ、大きさがまちまちなのはそのためなのだと。

しかし私はこう思う、妖精の国には違った種類の種族が存在し、それら種族はお互いにたいへん異なっており、さまざまな違う場所に生息していると考えた方が、理解しやすいのではないだろうか。だからたとえばティレル氏のような観察者には、いつもノームやゴブリンとは似ていない、森に住むエルフというようなものが見えるのではないだろうか。私の同業の友人が見た、茶色の服を着て背丈が六〇センチ以上もある、サルに似たものは、グールド牧師が子供の頃に見た、馬車や横木に登ってきたものと同種のもののようである。両方の事例ともに、この背の高い妖精が目撃されたのは、平野のように平らな場所であったと報告されている。一方、背の低い老人のような種類は、シェイクスピアが愛したあの踊る小さな女性のエルフとはまるで異なっている。またターベイ、ロンズデール両氏の経験では、異なった役割に従事する二つの種類のものが、同時に目撃されている。一つは明るい色をした踊るエルフたちで、もう一つはそこで彼らを守っていた茶色い種類のものだったそうである。

「妖精の輪《フェアリー・リング》」が牧草地や湿地帯でよく見られるのは、妖精が踊りで踏みつけた跡だとする主張があるが、これは擁護できかねる。というのは、この輪は明らかにアガリクス・ギャンボサス（ハラタケ科）やマラスミウス・オレアーデスといった菌糸が、中心から土壌を侵蝕しながら環状に成長しつつ、外側へ広がっていくからである。完全な円はこうした方法で形作られるので、かなり小さなものから直径三メートル五〇センチもあるものまで存在する。同様の原因で、これらの円は森の中にもよく現れる。しかしそこは枯れ葉で覆われてしまい、菌類はその中で育つことになる。妖精が輪を作るのでないことははっきりしている。しかし輪がどういう原因で作られるのであれ、いったん出来上がれば、妖精たちにとって輪になって踊る格好の場所となる、というのはなかなか魅力ある考えだし、またそれを否定するのも難しい。しかし昔からずっとこの輪が、「小さい人々《リトル・ピープル》」の踊る遊び場に結びつけて考えられてきたことは事実である。

現代の事例をここまで見てくると、われわれの先祖が残したこれらの生きものの話を少し真剣に読んでみたい気持ちになってくる。古い事例には空想にふけっているような部分もあるが、真実の核心にふれる箇所もあると思われるからである。われわれの先祖と言ったが、実は現代でも、サウス・ダウンズ地方の羊飼いのなかには、夕食時に妖精のためにと、パンやチーズのかけらを肩越しに投げてやる者もいる。イギリス全土、とくにウェールズとアイルランドで、妖精の存在は自然とともに生きる人々のあいだで広く信じられている。まず第一に、妖精は地中に住んでいると考えられていた。たしかに、今までそこにあった身体が忽然と消えてしまったりするのだから、こう考えられたのはしごく当然のことであろう。彼らの描写は、概してそれほどグロテスクではなく、これまで挙げてきた例の中間くらいにある姿と言えよう。ルイス女史の本『創作よりも不思議なものたち』のなかには、ウェールズ人のある権威の文章が引用されている。

あるウェールズ人の記述

妖精の身体は小さく、背丈は六〇センチほど。乗っている馬の大きさは野ウサギくらい。服はだいたい白だが、時には緑色の服を着ているものを目撃したこともある。足取りは軽快で、目付きは情熱的で愛らしかった。仲間同士は、平和的で思いやりがあり、いたずらを楽しむこともあり、歩き方や踊り方は魅力的であった。

馬についての記述はいささか唐突だが、そのほかの点は、これまでの報告を補強するものである。古い報告のなかでもすばらしいものの一つはロバート・カーク牧師によるものである。彼はハイランドの端のモンティス教区の牧師で、一六八〇年頃『エルフ、フォーン、妖精の知られざる国』という小冊子を書いた。彼は妖精について一定の明解な考えを持っており、非現実的とはほど遠い有能な人物で、のちに聖書のエルス語〔スコットランド高地のゲール語〕翻訳者に選出されたほどの人である。妖精に関するカークの情報には、先に引用したウェールズ人のものと一致する部分が多い。彼は「石の矢じり」が実は「妖精の矢《フェアリー・ボルト》」だと考えた点でつまずきはしたが、それ以外の主張は現代の事例に合致している。このスコットランドの牧師によれば、妖精にも部族と階級がある。彼らは食事をする。か細いさえずりのような言葉で会話をする。子供を持ち、死もあり、埋葬もする。陽気な踊りを好む。れっきとした国家を持ち政治形態もある。そこには支配者もいれば法律もあり、争いや戦争さえあるのだという。そして彼らは責任というものを持たない生きもので、怒る理由がないかぎり人間にたいして敵意は持っていない。それどころか人間の手伝いをしてくれるものさえいる。ブラウニーなどは、人間が機嫌の取り方さえ心得ていれば、いつでもすすんで家事を手伝ってくれる。これは広く知られていることである。

これらに類似した報告はアイルランドにもある。ただこの国の土地柄に影響されてか、ここでは「小さい人々」は少し気まぐれで怒りっぽいようだ。彼らが自分たちの力を誇示したり、侮辱を受けて復讐したりしたという記録が多くある。『本当にあったアイルランドの幽霊話』に引用されている「ラルネ報告書」（一八六六年三月三十一日）には、次のような記事がある。ある家の住人が、妖精の求めていた石を使って家を造ってしまったために、目に見えない攻撃者である妖精に、昼夜を問わず投石され、だれも怪我は負わなかったものの、おおいに悩まされたというのである。投石はよくあることで、現在でも世界の多くの場所で、似たような話がしばしば報告されている。その攻撃が妖精によるものなのか、あるいはいたずらな心霊力が引き起こしたものなのかは別にしても、投石は超自然的な現象であると考えてよいだろう。この本には驚くべき事例も掲載されている。ある農夫が家を建てた。ところがその場所は妖精が通行する二つの円形土砦《ラース》のあいだ、すなわち妖精の丘であったため、騒音を立てるなどの嫌がらせに合い、しかたなく以前住んでいた小さな家に避難せざるを得なくなったというのだ。この話はウェックスフォードの記者が語ったものだが、その記者は実際に放棄された家を調べて、所有者だった農夫に取材をしている。するとたしかに付近には二つの土砦があり、その家は二つの土砦を結んだ直線上にあったという。

ウエストサセックス州で、類似した事件があった。私は当事者の女性を突きとめ、話を聞くことができた。その女性が石の庭《ロック・ガーデン》を造ろうとして、近くから大きな岩をいくつか運んで使ったが、その岩は「ピクシー・ストーン」として知られるものであった。ある夏の晩、彼女は灰色をした小さな女が岩の一つに座っているのを見た。その小さな生きものは、見られているのに気づくとすぐに姿を消してしまった。それから何度もこの女は、その岩の上に姿を見せた。しばらくすると村人たちが、「その岩はピクシーの石だから、元の野原に戻さないと村に不幸が起こる」と言って、岩を元の所に戻すよう頼んだ。結局のところ岩は元の場所に戻された。しかし妖精が実際に存在するとして、それはいったい何ものなのか。

これは、いくぶんもっともらしい説明で、推測するしかない問題だろう。

「ライト」誌の編集者で、心霊現象の権威であるデイヴィッド・ガウ氏は、はじめ妖精はふつうの人間の霊にすぎず、言わば霊視望遠鏡で逆さに見られたために微小に見えるのだという説を唱えていた。しかしさまざまな妖精の目撃体験を詳細に研究した結果、彼の見方は変わることになった。すなわち、妖精は人間とは別の進化過程を歩んでいる生命体である。形態学上の根拠から、彼らが人間のような形をしているのは、自然の神秘が計り知れない方法でその姿を生みだしたからだ。それはマンドレークの根が人体と似た形だったり、窓に付いた霜がシダの模様になったりするのと同じ原理なのだと彼は結論づけた。

一八九六年に『精霊界をさ迷う者』という注目すべき本が出版された。著者のファニーズ氏は霊感によって起こる神秘をいくつも紹介しているが、なかには妖精の話もある。記述の大半はこれまで見てきた事実と一致するが、それを越えるような内容もある。

ファニーズ氏の記述

妖精には、山や洞窟に住むと言われるノームやエルフのような外見をしたものもいる。それらはまた人里離れた寂しい場所で見られる妖精である。それらは生命の下等な段階にあり、自分で動くことができる点を除けば、ほとんど高等な植物といった生きものである。また活動的であるが、きわめてグロテスクで無意味な悪さをするものもいる。（中略）全人類が、進化してさらに霊的に成長すれば、これらの低級な生命体は、この地球という惑星の幽界圏《アストラル・プレーン》内から死滅するであろう。そして後世の人々は、かつてそのようなものが存在したことをはじめは疑い、ついには否定するようになるだろう。

これは、ギリシアやローマの古典で親しまれている半人半獣のフォーン、木の精ドレアード、水の精ナーアードたちが姿を現さなくなった説明として、もっともだと思わせるものがある。ところで、こうした妖精伝承と心霊哲学の総体系には、どんな繋がりがあるのだろうか、と尋ねる人もいるだろう。関連は微かでしかも間接的なものである。ただ両者とも可能性という概念を拡大させ、時の制約にはばまれた思考からわれわれを揺すり出し、精神の柔軟性を取り戻させてくれるという点では共通しており、かくしてわれわれに新しい哲学を開かせてくれるのである。

妖精に関することは、われわれ自身の運命や人類全体の運命の問題に比べればずっと些細な問題である。証言の印象も、それほど強いものではない。だが、私自身は実証し得たと信じているが、けっして取るに足らないものではないのである。どんな事例を見ても、これらの生きものはわれわれとはかけ離れている。しかも彼らの存在には、珍しい動植物の発見ほどに現実的な重要性はない。同時になぜ「花は人知れず咲き、顔をバラ色に染める」〔トマス・グレイの詩の一節〕のか、なぜ大自然は使い切れないほどの恵みを、惜しみなく人間に与えるのか。もしわれわれとは別の生命体の理法が存在し、彼らも地球上でわれわれと同じ恩恵を共有しているのだと理解したなら、こうした絶えることのない謎を解くことができるであろう。これらは少なくとも、森の静けさやムーア地帯の手つかずの自然に、さらなる魅力を加えるような、興味深い思索なのである。

第7章 続いて起きた出来事

これまで述べてきた章から、妖精の写真が発見される以前にも、こうした小さな生きものの存在に関して、軽視できない証言が多くあったことが明確になったことと思う。その証言者たちは、報酬が目当てではなかった。同じことは、「ストランド・マガジン」誌の記事が発表されたあと、私の元に届いたたくさんの証言についても言えよう。たしかに巧妙な悪ふざけも一つ二つはあったが、それ以外の信用できる証言を選んでみよう。

すでにある紳士のことはランカスター氏の名で紹介した――彼は写真が本物かどうか疑ってはいたが――霊視能力者《シーヤァー》の立場から、ランカスター氏は次のように言っている。

個人的な観点から妖精について言えば、背丈はおよそ六五センチから九〇センチぐらいで、茶色のダッフルの服を着ている。妖精にもっとも似たものをわかりやすく言えば、霊的な猿のようなものと言えよう。猿のように活動的な脳を持っており、概して本能的に人間を避けようとする。しかし個別には、人間にたいし、それも特定の人間にたいして、極端になつくものもいる。とはいえいつも猿のように噛みつくし、しかもすぐそれを後悔する点でも猿と同じである。妖精には何千年にもわたる経験の蓄積――継承される記憶とでも呼んでいいだろう――があるのだが、理性的な思考能力はない。言わばけっして成長しない子供、ピーターパンにすぎないのである。

われわれに付いている霊の一人に、ブラウニーに接触するにはどうすればよいかと尋ねたことを覚えている。「森に入り、茶色のウサギを呼べば、ブラウニーはついてくる」という答えだった。概して妖精と接触が持てる人間は、「幼な子のごとくなれ」という聖書の教えに従える人に違いない。言い換えれば、そうした彼または彼女は純真な人か、さもなくば仏（ブッダ）のような人かも知れない。

最後の一文は注目に価するものである。興味深いことにある別の手紙からも、この氏と同じ指摘がありこれが正しいことがわかった。それはアメリカのテキサス州サンアントニオのマシューズと名乗る方からの、一九二一年一月三日に書かれた手紙である。マシューズ氏の三人の娘は今はみな結婚したが、三人とも思春期を迎える前は、妖精を見ることができた。しかし思春期が終わると、まったく見なくなってしまったという。妖精は彼女たちに言った。「私たち妖精は、人間が進化したものではないのです。今まで私たちを訪ねた人間はほとんどいません。歳を重ねてよほどよく進化した魂を持った人か、あるいは性的に純潔な段階にある人でないと、私たちに会うことはできないのです」。これはランカスター氏の考えを別の言い方で表したものであろう。

三人の少女たちは、自分たちが妖精の国、それも三〇センチから五〇センチと小さいが知性ある生きものたちの住む国にいると気づくまで、一種の神がかり状態にいたようだ。報告によれば、少女たちは饗宴や儀式、美しい湖への小旅行などに招かれたという。三人ともすぐに妖精の国に入ることができた。これは彼女たちが妖精の国を訪れた場合のことで、妖精のほうから訪ねてくるときはたいてい黄昏どきであり、彼女たちはごく当たり前の状態で椅子に座り、妖精の踊りを見ていたという。「娘たちはそれで妖精の踊りを覚えたのですが、いつどこでそれを習ったのか、だれも知りませんでした」。父親はこう付け加えた。
マジューズ氏の手紙からは、ヨーロッパとアメリカの妖精の種類に、どのような違いがあるのかはわからない。こうした結果を徹底して追跡すれば、将来は間違いなく妖精を正確に分類することが可能になるだろう。リードビーター主教の霊視能力を最終章で紹介するが、主教の能力が信頼に足るものであれば、国と国に相違点があるように、妖精の根源的な生命のあり方にも、国によって違いがあるのかも知れない。

アーノルド・J・ホームズ師も、妖精をじかに見たという珍しい体験報告を寄せてくれた。彼はこう書いている。

> マン島で育てば、人は迷信（もしこう言いたいのでしたら）の環境のなかで成長することになります。「小さい人たち《リトル・ピープル》」が火を欲しがるかも知れないから、暖炉の脇に木と石炭の小片を忘れず用意する」というようなマン島の漁師たちの素朴で美しい信仰、マン島の少女たちが妖精を信ずる子供らしい気持ちといったものです。マン島では良い夫を持てたことはすばらしい報償とされ、悪い夫を持つこと、まして夫を持てないことは怠慢の印と言われています。ある夜、ピールの町からセント・マークス（当時私はそこで牧師をしておりました）へ戻る途中、驚くような現象が起こりました。
>
> ホール・ケイン卿の美しい邸宅、グリーバ城を通り過ぎたあたりで、私の馬（たいへん元気のいいやつです）が、突然立ち止まりました。どうしたのかと前方を見ますと、鈍い光とおぼろな

月明かりのなかに、ぼんやりした形の小さな人々の群れが現れたのです——とても小さく、薄い衣装を身にまとっていました。本当に楽しそうに道に沿って跳ね回ったり、軽い足取りで踊ったりしながら、聖トリニアンズの屋根なし教会のある美しいグリーバの林と渓谷の方角から、姿を現したのです。

伝説によりますと、その教会には妖精が住みついているので、これまでに二度、屋根を葺こうとしたそうですが、妖精が夜のあいだに取りはらってしまうため、以来一世紀のあいだ、屋根葺き工事は行われていないのだそうです。そんなわけでこの教会はルーフレス（屋根なし）と呼ばれ、そこを自分たちのものだと主張する「小さい人々」のために残されたままなのです。私は魔法にかけられたようにこの光景を見ていました。馬は恐怖で半ば狂ったようになっていました。やがて楽しそうな小さな人々の群れは、ウイッチズ・ヒル（魔女の丘）のほうへ向きを変えると、コケの生えた土手を登っていきました。群れのなかでいちばん体の大きい、といっても約三五センチぐらいの「小さい男《リトル・マン》」が一人立ったまま、全員が踊り歌いながら、楽しそうに聖ジョンズ・マウントに向かって、峡谷を渡っていくのを見守っていました。

次の話はニュージーランドのマオリ地区に住む開拓移民の妻、ハーディ夫人からのもので、妖精が世界中に広く分布していることを物語っている点で、興味深いものである。

ほかにも妖精を見たことがある方がいることを読みまして、私も勇気を出して、五年ほど前に、私が体験したことをお話ししてみることにいたしました。それには少し、わが家の瑣末な雑事にも触れることになりますが、お許しください。私の家は山の尾根に建っています。敷地はかなりの広さにわたって平らにならしてあり、母屋をはじめほかの建物や芝生が広がっています。敷地の両端は急勾配の斜面になっていて、左に下りると果樹園、右に下りると植え込みと牧草場があり、その先に広い街道が走っています。

ある夕暮れのことでした。日が暮れてきましたが、私はお茶用のふきんを物干し紐に掛けようと、庭に出て行きました。ベランダから下りますと、果樹園のほうから馬が駆けてくる音が聞こえました。勘違いだろう、きっとこの音は、マオリ族がよく馬を走らせる街道の方角から聞こえているのだろうと思いました。

洗濯バサミを取ろうと庭を横切ると、馬の足音がさらに近づいてくるのが聞こえました。物干し紐の所まで行き、ふきんを洗濯バサミでとめようと腕を伸ばして紐の下に立ったとき、馬の足音がすぐ後ろに聞こえました。するととつぜん、小さなポニーに乗った「小さな人々」が、私があげた腕の下に来ていたのです。周りを見まわしますと、私はシェトランド犬のような小型のポニーに乗った八人から十人ほどの小さな人々に取り固まれていたのです。そのうちの一人は私のかなり近くまで来ていましたので、家の窓からの明りではっきり見えました。けれど背中を向けていたので、顔は見えませんでした。ほかのものの顔は真っ茶色で、ポニーも茶色でした。彼らの着ていた服は、子供のジャージのように身体にぴったりとしたものでした。彼らはドワーフというか、あるいは二歳ぐらいの子供のような感じでした。私はびっくりして、「まあ！　いったい何なの、これは」と叫びました。その声に彼らは怖くなったのだと思うのですが、みないっせいにバラの格子垣を通り抜け、道を横切って茂みの中へ下りていってしまいました。馬の足音が遠ざかっていくのが聞こえていました。その音が聞こえなくなるまで耳を傾けていましたが、それから家に入りました。娘は心霊経験を何度かしているのですが、私を見てこう尋ねました「お母さん、顔が真っ青で怯えているみたいよ。何か見たの？　今まで庭でだれと話していたの？」。私は「妖精が馬に乗っているのを見たのよ」と答えました。

小さな妖精の馬については、書き記した人が少なくない。それが全体の状況をますます複雑にし、理解を困難にしている。なぜ犬ではなく馬なのか。気がつくとわれわれは、妖精の物差しによって、まったく新しい世界にいることになる。妖精に関する膨大な証言は信じられるのだが、それに付属するこうしたものが、納得いきかねるのである。

次の手紙は、カナダに住む若い女性からのものである。彼女はモントリオールの有力者の令嬢で、私も個人的に知っている。彼女の子紙には、掲載した写真が同封されていた。

同封した写真は、この夏ニューハンプシャー州のウォータービルで、アルバータという七歳の子供が、ニAブローニーカメラ（ポートレイトレンズ付き）で撮影したものです。その子の父親は聡明な方で、ゴルフとビリヤードに熱中しており、母親は日本美術に造詣の深い方です。お二方とも心霊的なことには関心をお持ちではありません。アルバータは身体が弱く物思いに耽りがち子ですが、人を騙したりできないかわいい子です。母親の話では、写真を撮ったときはアルバータと一緒だったそうです。彼女はキノコに興味を持ったらしく、跪いてその写真を撮りました。それは普通の大きさのテングタケです。

写真ではキノコの形はよく見えません。これは二重露出はしていません。写真を現像して彼らは驚きました。両親は写真に嘘はないと請けあっていても、不思議でわからないと言っています。影か何かだとすれば説明がつくのでしょうか。けれど右の肩と腕の線はとくに鮮明で、ただ片づけてしまうことが出来ないのです。

私も彼女の見方に同意するのだが、大切なのはそれぞれの読者が、自分の目で写真を見て判断をするということである。ヨークシャーの例の写真に比べれば、たしかにこの写真は曖昧な感じをぬぐえないものである。

ニュージーランドは妖精の中心地とでも言える所で、妖精にまつわる話が多い。次に紹介する手紙もその美しい島の女性からのもので、これまでに引用したものに劣らず興味深いし、また説得力がある。

私はニュージーランドの至る所で妖精を見たことがあるのですが、ノースアイランドのシダで覆われた小峡谷で、とくによく見かけています。私は霊媒能力を養成する訓練をオークランドで受けていたのですが、その期間中に何時間も庭で過ごすたびに、よく妖精を見かけましたが、陽が沈んだ直後が多かったようです。観察していて気がついたのは、妖精はたいてい多年生植物が生えている場所に住んでいるか、またはそうした所に姿を現すということです。私が見たのは茶色の妖精と緑色の妖精で、みな透けるように薄い羽根を持っていました。私は彼らと話をし、庭に植えた苗木や挿し木を「早く成長させてね」と頼んだものです。それで私の家の庭の木は、よく成長したのだと確信しています。

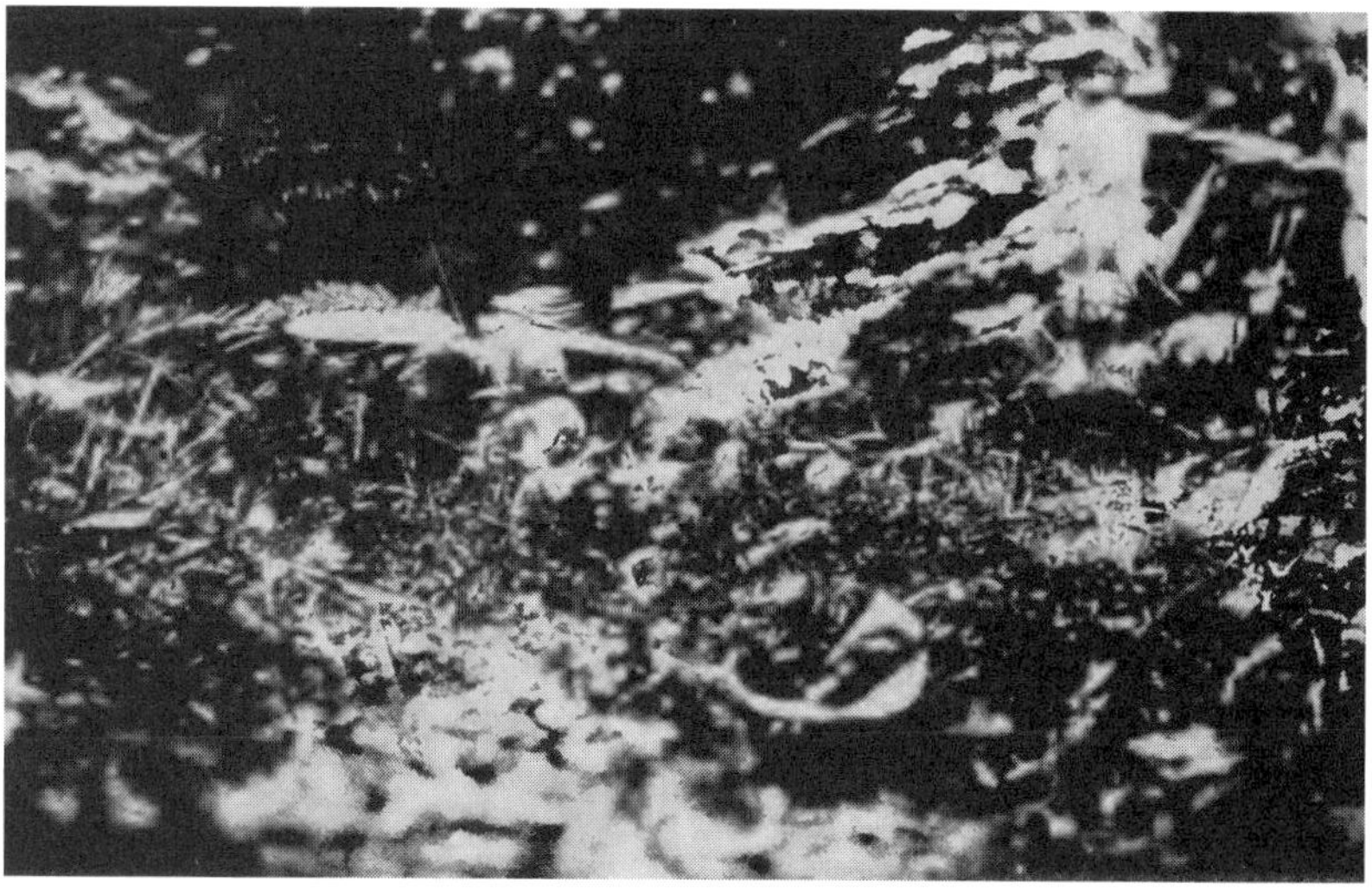
カナダからの写真

シドニーに来てからも緑色の妖精は見ました。昨年の春、私はある実験をしました。私は庭でクチベニズイセンの花を育てていましたが、その花の周りで緑色の妖精を見たのです。その花の球根が半分ぐらい成長したある日のこと、球根の一つを鉢に植えかえて、休暇の旅行で家を離れる際に一緒に持っていきました。私は妖精に「育ててね」と頼みました。そして鉢を毎晩観察しました。するとと緑色の服に身を包んだ妖精が、時には二人、三人と木の下の鉢の周りに現れるのです。彼らが夜のあいだいったい何をしているのか私は知りませんが、翌朝、球根はとても大きくなっていて、植えかえたものなのに、庭のものより三週間も早く花を咲かせたのです。

私は現在、シドニーのロッチデールに住んでいます。友人には心霊主義者のオーストラリア人が何人かいますが、その人たちも子供のころから妖精を見ているそうです。私は動物にも妖精は見えると思っています。庭の一角を、妖精たちのために野生のままにしてある所があるのですが、そこに毎晩妖精は現れます。うちの猫は、そのそばに座ってじっと熱心に見ています。動くものにはふつう飛びかかるのですが、妖精にだけはそんなことをしません。今回書きましたことは、情報としてどうぞご随意にお使いいただいてけっこうです。

ニュージーランドのダニーディンに住むロバーツ夫人からも手紙をもらった。彼女は私がオーストラリアを訪れた際にお会いしたが、心霊能力に恵まれた方であった。手紙のなかで夫人は、前の女性と同様に、根源的生命体と花との親密なつながりにふれている。夫人は、妖精たちが自分の庭の植物の世話をしてくれるのを、ずっと見てきたという。

アイルランドからもいくつか妖精の話を受け取った。たしかに、観察に誤りがあるのではないかと思われるところがないわけではないが、どの手紙からも正直な印象を受けた。そのなかの一つに、証言者が心霊通信を使って妖精の王国と連絡を取り合っているらしいものがある。コークのブラーニーに住むウィンター女史が、こう書いているのだ。

> 私たちは数回にわたって、ベベルという名前の妖精から通信を受けました。一度は一時間近くも続きました。その通信は、かなり強い霊力を持った霊からのものと同じくらい明瞭で、迅速なものでした。ベベルは私たちに、自分はレプラホーン〔靴の片方だけを直す、老人でお金持ちのけちんぼ妖精〕で男性だということ、それからこの近くの廃墟となった砦にはピクシー〔いたずらな家事好き妖精〕が住んでいると語りました。私たちの土地はレプラホーンが住んでいる所で、女王ピセルがレプラホーンたちに必要なものを探すため、豪華なトンボに乗って飛んでいるのだそうです。
>
> ベベルは愛情こめて、私の孫たちのことをよく尋ねました。孫たちはよく訪ねてくるので、彼は孫たちとも仲良しになり、私はもっぱらテーブルを譲り、ベベルと孫たちがいっしょに楽しく語っているのに耳を傾けていました。ベベルは孫たちにこう言ってました、妖精はウサギとは簡単に話ができるが、犬は追いかけるので嫌いだ。またメンドリは背中に乗ったりできて楽しいけれど、すぐに「からかう」ので好きではないそうです。ベベルが古い砦のことを話したとき、私は近くにあるブラーネー城のことを思い浮かべました。しかし近所に長く住む農夫の娘さんに話したところ、その古い砦の跡地は、今は村の通りの入り口にある労働者小屋が建っている所だそうで、それは私たちにはまるで初耳でした。

目撃者の一覧に後いくつか付け加えておきたい。これでおそらく証言が出そろったことになるだろう。まずブリストルに住むホール女史の証言から始めよう。

私も妖精を見たことがあるのですが、これまでは笑われるのが嫌で、今まで口にしたことがありませんでした。

ずいぶん前、私が六つか七つの頃のことです。今でもそうですが私は花が好きです、花は私には生きているように思えるのです。私は小麦畑の道の真ん中に座って、群れ咲くポピーの花々と遊んでいました。すると、おかしな小さい人が、私を喜ばせようとして、花の中でカクレンボをしているのです。それを見たときの驚きは今でも忘れることができません。その小さい人は、矢のように敏捷でした。かなり長いこと見ていたのですが、やがて小さい人は姿を消してしまいました。陽気なおちびさんという感じでしたが、顔は思い出せません。色は灰緑色で、手足は丸くてゼラニウムの茎のようでした。服は着ていなかったようで、背丈はおよそ五、六センチほど、身体は痩せていました。私はそれから何度も探してみたのですが、もう見つけることはできませんでした。

水脈探知者として知られるJ・フット・ヤング氏はこう書いている。

数年前のこと、私は友人の一行に招かれ、ドーセット地方のオクスフォード・ヒルのとても見晴らしのいい坂の上で、午後のひとときを過ごしました。そこは木も生け垣もない場所で、何の障害物にもさえぎられずに、遠くまで見渡すことができました。

私は土地に住んでいる友人と一緒に、一行から少し離れて歩いていました。すると驚いたことに、とても小さな子供のようなものがたくさん、数にして二十人ほど、派手な色の短いスカートを履いて、裸足で踊っているのが見えたのです。丸い円になって陽気に踊りながら、つないでいる手を上にあげていました。私たちは立ち止まって見つめていましたが、一瞬のうちにわれわれの視界から消えてしまったのです。

友人は私にあれは妖精たちで、お祭り騒ぎをしによくこのあたりにやって来るのだと話してくれました。私たちがそばにいるのが妖精たちには邪魔になったのかも知れません。

ワージングに住むエセル・イーニド・ウィルソン夫人は次のように書いている。

私は妖精の存在を信じています。もちろん彼らは実在する自然の精霊なのです。晴れた日に妖精たちが海で波に乗ったりして遊んでいるのを、私はよく見かけたものですが、そのとき私と一緒にいた人の誰にも、その姿は見えませんでした。唯一の例外は私の幼い甥と姪で、一度だけ私と一緒に妖精を見ました。妖精たちは小さな人形のようで、背が低くきれいな明るい色の髪をしていて、絶えず動きまわっては踊っていました。

サウスエンド＝オン＝シーのローズ夫人は、われわれの会話が妖精の問題にふれたとき、こんなふうに語った。

私はしょっちゅう妖精を見ていますよ。いつもここ、海のそばの植え込みの中に見つけるのです。妖精たちは木の下に集まったり、木の周りを漂ったりします。するとノームが守護役にやってくるのです。ノームは小さな老人のようで、緑色の小さな帽子を被り、服全体はくすんだ緑色をしてました。妖精のほうは優雅な衣装を着ていました。

家の温室の中で見たこともあります。妖精たちは花や木の周りに浮遊していました。いったん現れると、芝生の上や木の中で休むとき以外は、ずっと遊んでいます。まるで舞台上の体操選手のようでした。お互いの肩の上に立っていたノームの集まりを見たこともあります。

妖精たちは、私たちと同じように生きているようでした。想像で言っているのではありません。ノームが妖精たちにコケでベッドのようなものを作ってやっているのも見ました。それはまるで、母鳥がヒナに巣を作ってやっているような様子でした。ノームも妖精も、声は聞いたことがありませんが、本当にいつも幸せそうに、楽しい時間を過ごしているようでした。

ブリストルに住む、生まれながら目の不自由な、王立音楽院L.R.A.M.(ライセンシエイト・オブ・ザ・ロイヤル・アカデミー・オブ・ミュージック)とA.R.C.M.(アソシエイト・オブ・ザ・ロイヤル・カレッジ・オブ・ミュージック)所属の見事な声の歌手、エヴァ・ロングボトム女史は、われわれの取材に応じてこう語ってくれた。

私はたくさんの妖精を心の目(すなわち霊視)で見ています。私が見たものにはいろいろな種類がありました。

音楽の妖精《ミュージック・フェアリー》たちの音色はほんとうに美しく、「白銀《アージェント》」とでも表現していいのではないかと思います。というのは、妖精たちは実際に銀色を思わせますし、甘く美しい銀色のような声をしているからです。妖精たちは話もしますし歌も歌いますが、はっきりした言葉、つまり妖精語でしゃべるのではなく、音で表現するのです。その音楽は、人間の言語に言い換えることはできません。つまり妖精の音楽は、音楽自体のなかに存在すると言えるのです。私には、メンデルスゾーンは本当にそれを理解しているとは思えません。けれどもコールリッジ・テーラー〔英国の作曲家。一八七五〜一九一二〕の音楽は、私が妖精たちから聞かされた音楽を思い起こさせます。とくにテーラーの作曲した「妖精のバラード」はとても魅力的です。

それから踊る妖精《ダンシング・フェアリー》たちがいます。その踊りは優美で気品に満ちていて、古き良き様式の舞踊で、一糸の乱れもありません。見かけるのはだいたい私が一人のときですが、何も森の中でなくても、詩的な空気が漂う場所であれば会うことができます。妖精たちは本当に現実にいるのです。

ほかの種類では、詩の妖精《ポエム・フェアリー》たちがいます。いちだんと霊妙で、スミレの花の色調をしています。シェイクスピアの『夏の夜の夢』に出てくるパーディタ〔『冬物語』のシシリアの王女〕が舞台の上で本物の妖精になったと想像していただければ、詩の妖精がどういうものかおわかりになるかと思います。パーディタはとても少女らしい愛らしい性格です。同じことはミランダ〔『テンペスト』のプロスペローの娘〕にも言えますが、彼女はもう少し感傷的な性格です。

色の妖精《カラー・フェアリー》たちも、とても興味深いものです。もし一つ一つの色彩が変容して妖精の形になったとすれば、どんなものかその感じがつかめるでしょう。彼らは空気のような状態で、それぞれの色調で踊ったり、歌ったりするのです。私はブラウニーには会ったことがありません。たぶん私が、この家事好き妖精の生活に、あまり興味がないせいでしょう。

幼い頃は、妖精は想像上の生きものという印象がたいへん強かったので、その存在を信じていませんでした。たしか十四歳くらいになったとき、妖精の存在を感じるようになったのです。今では妖精たちが大好きです。おそらく、芸術を深く学んだお蔭でこうなったのだと思います。私が妖精の出す振動（霊気）に共感を感じるので、妖精たちも私が友達だと感じさせてくれるのでしょう。これまでの人生で、私はたくさんの幸せと幸運を経験してきましたが、そのうちいくらかは、きっと妖精がもたらしてくれた幸せなのだと信じています。


これら後半部にまとめた証言は、こうした事例を収集している「サイキック・ガゼット」誌の編集長ジョン・ルイス氏のご尽力により、ここに掲載できた。

もしここに紹介した事例を、最初に「ストランド・マガジン」誌に発表した記事の証言に加え、改めて一つの事柄としてコティングリーの妖精写真と結合すれば、われわれはいまや今回の事件の真相を、確信に満ちて公けにできるところまできた、と言ってもいいのではないかと思う。

第8章 神智学から見た妖精

西洋における哲学と宗教のなかで、根源的生命体について体系的な考察を試みてきたのは、今日、神智学《セオソフィー》と呼ばれる古代からの教えしかないようである。それならば妖精の実在について、ある程度独立した立場を確立したわれわれが、実際に収集し例証し得たものと神智学の説くものとが、どの程度合致するのか注意深く綿密に調べてみることは、たいへん意義深いことであると思う。

この点を解説するのに最適な人物といえば、私の共同研究者であるエドワード・L・ガードナー氏をおいて他にはいない。なぜなら彼こそ今回の妖精写真の発見者であるし、しかも彼は優れた神智学の権威であるからだ。そのガードナー氏の手になる研究ノートをここに掲載できるのは、私にとって実に嬉しいことである。

この慌ただしい商業主義《コマーシャリズム》の現代では、妖精が存在するという事実はほとんど忘れ去られている。しかもこの分野は自然研究のなかでもとりわけ喜びと魅力に溢れているというのに、長いことベールに包まれていた。だが二〇世紀の現代でも、その分野の世界はベールを脱いで、暗い影の彼方から歩みだす望みはあるのだ。長いあいだ想像と空想の王国に追いやられていた魅惑的な小さい生きものたちが、とつぜん、本物の写真となってわれわれの前に現れる。その贈り物は、われわれが銀色の雲の内層に到達しつつあるという兆しなのかもしれない。

では、妖精とはいったい何であるのか。

まず最初に明確に理解されるべきことは、写真に映るには、それが物質的なものである必要性があるということである。写真の原理から言って、感光度の範囲外のとらえにくい種類のものは、乾板に反応しない。いわゆる心霊写真の場合にも同様のことが言える。たとえ感光度の高いフィルムを使ったとしても、心霊が感光の範囲に「形」となって現れるには、ある程度有機化されることが必要なのである。

しかし物理的波長《フィジカル・オクターブ》のなかには、濃度が低いために通常の視覚からはずれてしまうものもままある。人間の目では直接見ることのできなかった天界の星が、写真機では記録されたことが多くあるのと同じように、生きもののなかにも、希薄で精妙な身体をしているために、われわれの知覚ではとらえられないが、われわれの通常の感覚の範囲を越えて存在するものが無数にある。しかし子供たちの多くや、霊感の鋭い人々にはそれが見える。そして今回の妖精伝承はそうした事実——すべて実際の、そして今から示す事実に基づいているのである。

妖精は、専門用語ではないが「ガス体より軽い成分」であると言えるだろうが、だからといってそれを実体のないものであると考えるのは間違っている。妖精は、われわれが存在するのと同様に、彼らなりの仕方で現実に存在しているのであり、しかも魅力的な性質をそなえ、人間にとっても大切な、植物の生命に関連した機能を果たしているのである。

読者のなかには次のようなことに気づかれた方も多いだろう。花は、ある人が切ってそのまま育てた場合、美しさと鮮度を長く保つのに、別の人が世話をした途端にすぐ萎れてしまうことがある。それはこう説明できる。つまりある人は花にたいして献身的で、もう一方の人は無関心だからである。すなわち人間の感情は、花たちをいちばん親身に世話している自然の精霊《ネーチャー・スピリット》にきびしく作用しているのである。愛情や優しさにたいして、自然の精霊は即座に変化を現して反応を示すのである。妖精には活動期と隠棲期があるが、人間のように生まれたり死んだりすることはない。彼らは哺乳類《ほにゅうるい》よりも鱗翅類《りんしるい》、馴染みのあるもので言えば蝶類に属しており、その明確な特徴もある。知性はほとんどないかあるいは全くない。彼らの魅力的な気ままさに見られるのは、ただ楽しむだけの責任を伴わない生の喜びである。彼らが小型の人間のような姿をしているのは、広範な意味で地上で最大の創造力をもつ人間の思考に、間違いなく、しかもかなり強い影響を受けているためと想定される。

私はヨークシャー、ニューフォレスト、そしてスコットランドで立てつづけに調査を行って、多くの妖精愛好家や観察者に取材を試み、その報告を比較検討してみた。私がコティングリーの妖精写真事件を公表したことは、想像の問題について良いことでなかったと取材のあいだに指摘され興味深かった。私の行為に賛同を示した妖精愛好家は、ほとんどいなかったのである。あの写真は言わば精霊界への不法侵入のようなもので、妖精を冒涜していると、酷な言葉で非難されたこともしばしばあった。私はこの問題に真剣に取り組む自分の姿勢を、熱意をもって訴えつづけて、やっと彼らから信頼を得ることができた。そしてようやく彼等の報告を比較検討し、こうしてここに自由に述べることができるのである。

さて、それをもとに話をすすめていこう。森林や牧草地、庭園などに存在する自然の精霊たちは、植物全般とかかわりがある。すなわち精霊には、太陽の刺激エネルギーとその生の物質とのあいだに、生命連鎖的なつながりを与える機能をもっている。われわれは、太陽、種子、土壌という三つの要素が合わされば、当たり前の結果として植物の成長が起きると考えている。しかし実は、もしも成育促進妖精《フェアリー・ビルダー》がいなければ、それは起こらないのである。

たとえばオルガン音楽を聞くとき、オルガン、譜面、「風」があるだけでは、われわれはオルガンから曲を聞くことはできない——目には見えないが、オルガン奏者が提供する生命連鎖があって、初めて音楽を聞くことができる——それと同じように、植物が生育するには、自然の精霊の存在が不可欠なのである。

「妖精の身体」

ふつうに働いているとき、ノームとフェアリーの身体は、人間やその他の生物のように一定の形をしていない。ここにわれわれを困惑させてきた自然の精霊界の事情がある。妖精は通常、はっきりとした輪郭線を持っていない。そのためわれわれは、彼らを小さくてかすんでいて「核をもつ輝く火花の光る雲のようなもの」とでも表現するしかない。「めらめら燃える炎の舌」という形を言葉で説明することが難しいように、妖精の形も定義できない。そうした身体で妖精は植物の内部に入り、機構を作動させる役目を持っているのである。「磁気的」というのが、妖精の行動様式を示せる唯一の言葉である。刺激に敏感に反応するが、彼らが影響を受ける刺激には、二つの傾向がある。一つは一般の物質的な外的要因、もう一つは内的な知的衝動によるもので、この二つの要素で彼らの活動は決定される。あるものたちは、細胞の形成と組織化のために働いている。数の上ではこうしたものが圧倒的に多い。人間的な形態をとっているときは、われわれに比べてかなり小さく、五、六センチの背丈である。またもっぱら地中の根の成長に関係しているものもいれば、明らかに色の専門家で、雲のような自分たちの身体を流れるように動かし、花の「色づけ」を行っているものもいる。

　どの仕事にも、それぞれが独立した意思で選んだというような違いはうかがえない。彼らはみな、絶えず自分たちに作用している共通の影響力によって動かされているらしく、それはミツバチやアリに見られるのと同じ種類の、本能的な衝動であることを示している。

「人間に類似した形体」

　自然の精霊は、事実上責任というものを持たず、喜びにあふれた生を生きており、楽しく自由な生活をしているようである。だがそれぞれの精霊は、少なくともたまには明確な個性を持つことがあり、またその点に喜びを見出しているようでもある。小型の人間に似た形体――時にはグロテスクなブラウニーやノーム、また時には美しく優雅な姿をして地表に生活するフェアリーたち――条件が許せばこうした姿をとるが、それは束の間のことである。しばらくのあいだはそうした形体をとるが、またそうした明確な形体をとっている方が、ふだんより楽しげである。その形体を見て人間はつい推断しがちだが、妖精はそれとわかる有機的な組織は持っていないのだ。身体の中身は一見いつも均質に見えるが、実際は時によって密度が異なり、「人間」の形に見えるのは、たいていが仕事をしていないときだけなのである。自然の精霊が活発に跳ねたり踊ったりしてみせるとき、そうすることを心から喜んでいると思えるほど、陽気な気ままさを見せ放縦ぶりを表現する。こういうときは明らかに「仕事を休んでいるとき」であって、彼らはそうやって遊んでいるのである。とはいえもちろん仕事をしているときも充分に楽しげである。そして邪魔されたり驚かされたりすれば、ありとしもなくとらえどころのない媒介物である磁気的な雲の形に、出てきたときと同じくらい唐突に、再び戻ってしまうのである。いったい何が彼らをああした形に決定づけるのか、またいかにしてああした変換が可能なのか、それは定かではない。個人のものであれ集団的なものであれ、人間の想念に影響を受けているのだと推測する人もいるだろう。しかし今言えるのは、もし説明がつくならば、たしかに人間の影響も含まれるにちがいないということだけである。ところでここでは、理論よりも、観察に基づいた事例の紹介を優先させたい。ただひとまず明らかなのは、自然の精霊の形体は、客観的なものであるということだ。客体であるということは、われわれはそれを石や木、そして人体と同じ客観的な存在として感じ取っているということにほかならない。

「妖精の羽根」

羽根というものには、腕とはおよそ何の関係もないという特性がある。この点からすれば、妖精は複数の肢と二枚以上の羽根をもつ昆虫の種類に近い。だが妖精の羽根には関節も翅脈《しみゃく》もないし、さらに羽根は飛ぶのに使われでもいない。あえて言葉で表現するなら、「流れるエマネーション（放射性物質の放出気体）」と言えるだろう。種類によっては、その流れるものが身体を覆っていることもある。とくにシルフ（空気の精）は、羽毛のような靄に吹きつけられた輝くオーラに取り囲まれるかのように、その流れに身体を包まれている。初期のアメリカ・インディアンの頭飾りはたいへん手のこんだ作りで、きっと妖精の羽根から霊感を得たようだと聞いたことがある。たしかにその頭飾りは妖精の羽根を連想させるが、最良の出来のものといえども、妖精のものに比べればお粗末な複製であることは否めない。

「妖精の食物」

われわれが食物と見なしているものを、妖精は食べない。彼らは生命維持に必要な栄養を、周期的な呼吸や脈動でじかにたっぷりと吸収している。たまの磁気浴が精気を回復する唯一の方法のようである。妖精は花の香りを喜ぶが、逆に嫌な匂いには拒絶反応を示す。彼らが人間社会を避けるのは、小心なせいもあるが、人間社会に存在するものに彼らはほとんど魅力を感じないし、それどころかその大半をひどく不快に感じているからである。

「誕生・死・性」

妖精の寿命を計算しようとすれば、困惑することになる。なぜなら彼らの生に、われわれ人間の生と同じ尺度は当てはめられないからである。妖精には、人間が理解し名づけている誕生も死もない。ただしだいに精妙な状態から形をとって現れ、再びつかみどころのない同じ状態へ戻るだけである。この過程だけでも種類によってはかなりの年数はかかるだろう。人間の成年期に相当するほどの高い濃度で生存する期間さえ、おそらく人間の平均的な寿命と同じくらいの長きであろう。しかしながら彼らの生については、徐々に稀薄な状態から現れては濃密な形態となり、また戻っていくということ以外、何一つ定かなことは言えないのである。妖精には人間で言うところの「性」はない。だが私が検証したかぎりでは、人間が通常感じるより、さらに微妙で原初的な段階では、身体の分裂や細分化が行われている。この過程は、われわれが極微動物について知っている分裂や発芽（無性生殖）に相当し、その周期が終焉するにつれて、より大きな単位に向けて融合し、新しい集合体に向かうのである。

「会話と身振り」

シルフ（空気の精）より下等な妖精には、言語のようなものはまったく存在しないか、存在してもほとんどないに等しい。意思伝達は、家畜の関係と同じように、音の抑揚と身振りによって交わされる。実際、人間と低級な自然の精霊との関係は、人間と子猫、あるいは子犬や鳥との関係とおよそ同じなのである。とはいえ、妖精同士の間には音声言語がある、と指摘する証言は数多く存在する。笛かフルートの調べのようだという証言が一般的だが、人間の耳はそうあてになるものではないし、その音源が楽器によるものなのか妖精によるものなのかは、私には判定できない。ただ自然の精霊でも高等な種類ともなると、感情の発達に知性が加わるため、会話をすることが可能となる。人間全般にたいする彼らの態度は、好意的というよりむしろ非友好的で、敵意を抱いているように感じられることもある。それはおそらくわれわれ人間が、彼らにとって快適である環境に無頓着なことが多いせいだろう。私は古代人の風習「燔祭」（生け贄の動物を生でなく焼いて捧げること）の意義と理由が理解できるように思う。大気を汚染する行為は、シルフにとっては恐怖であり、ひどく憤らせる行為なのだ。美しい空気の精霊シルフと彼らの仕事について考えるとき、古代の教えが心に浮かんでくる。「アグニ（炎）は神々の言葉である」。われわれの衛生的な埋葬の習慣も、間違いなく改善できるはずである。ある妖精愛好家は、手放しでこう私に言った。「おや、そうですか。でもシルフを撮った写真を手に入れることはできないでしょう。彼らは人間を知り尽くしていますからね」。われわれとシルフとが友好的な関係を持つことができたなら、願えば天候もわれわれの望みどおりになるかも知れないのだ。

「原因と結果」

植物の形体をどれほど徹底的に検査し分析してみたところで、それはつまるところ結果の分析にすぎない。彫刻作品を分析しても作者が明らかになるだけと同じように、そうしたところで十分な原因は見つけられない。しかし、植物界の構造や順応性、装飾性に見られる驚くべき技術からは、そこに言わば名匠や技術工、芸術家など、多くの職人がかかわったことがわかる。それらに自然の精霊が存在すると考えれば、太陽エネルギーと製造された物質とのあいだの、不明瞭な欠落部分を埋めることができよう。事が人間界の場合、二枚の板が釘で打ちつけられていれば、われわれは疑うことなく職人の仕事だろうと考える。しかし人知では計り知れぬ世界のなかに精妙に作られた形体を目の当たりにすると、ただ驚異と感嘆の面持ちで眺めてしまいがちなのだ。そして「進化の過程」だとか「神の御手」だとか、自分の特質からめいめいこうつぶやくだけである。実際は、人間界に何らかの「行為者」が必要であるのと同様、それ以外の世界にもやはり同じような何かしらが必要なのである。

「仕事の方式《モード》」

植物の生育過程に興味を持っている自然愛好家ならだれしも、自然の精霊の行為者《エイジェント》たちに、熟練した技能があることに気づくだろう。たとえ推論することは困難でなくとも、このことでは実体にせまれない。しかし妖精の行う仕事について考える場合、われわれ人間の労働の経験から推測してみれば、そこにははっきりした類似性が見られるのである。しかしながら類似していると いうことは、相違点もあるということだ。というのは、自然の精霊の隠された仕事の方式は、ほとんどの点でわれわれの仕事とは、正反対の性質を持っているからである。物質世界においては、われわれは手や道具を使って働く。常に外界から材料を取りこんで処理する。すなわち、終始一貫してわれわれは外側で仕事をするのだ。われわれにとって建設的な方式と云えば、付け加えたり積み重ねたりすることなのである。われわれ自身の身体もそうした方法で作られたのであり、それこそが人間の処理方法の特徴なのである。ところが自然の精霊たちは、内部から操作を行う。すなわち中心から外側に向けて仕事をするのだ。彼らの目的は周囲の環境に、限りなく親密な接触を遂げることである。その目的に向けて彼らの活動を激しくかき立てるのは、手段をいかにして思いのままに操れるように適合させるかということだ。媒介物を有機化する彼らの並々ならぬ努力を考慮すれば、自然が多様性に富んでいる訳が容易に理解できる。自然の精霊たちはその媒介物を使って、永久的に自然との親密な接触を獲得するのである。目的を達成するために、自然の精霊たちは無数の仕掛けを用いている。花の色づけ、擬態、種子の保存と散布、防衛の手段、攻撃の方法などであるが、この背後には知的労働が、多かれ少なかれ、それぞれの水準で対立関係にある行為者をとおして行われていることを示している。多様性や差異は、人類社会と同じくらい目につくものであるし、それが生活の形式や慣習の変化を助長する。そしてその変化は、われわれにとっても有益な経験の可能性を提供してくれる。われわれは、自分たちの目的に応じて植物生命の土壌や培養物を耕しているが、気がついていないだけで、実は精霊たちとともに、しかもきわめて近しく働いているのである。自然の精霊たちが、人間の援助なしに単独で行っている努力からは、森林や牧草地の野生の花々やベリーの実などが生まれる。一方でわれわれ人間との協力からは、栽培された穀物や花、果物など、計り知れないほど豊かな作物が生みだされているのである。

「植物の意識《プラント・コンシャスネス》」

自然の精霊と、植物界全体に機能している植物の意識との関係は、考えてみると興味あることである。というのはその二つはまったく別々のものであるらしいからだ。自然の精霊が船の乗組員で植物界が乗客、という役割になぞらえることが出来るだろう。植物の意識は、船上でうたたねしているか、せいぜいのんびり目を覚ましている暇な旅行者の意識といったもので、一方精霊は、機敏で活動的に船を管理し舵取りをしているようなものである。植物界を航海することは、両者にとって成長と発達を意味している。

「未来」

「小さい人々《リトル・ピープル》」（妖精）を理性的に理解し、人間と相互によい感情関係が出来たと想定すれば、この上なく心踊るような展望が開けてくるのではないだろうか。そうすればわれわれは、闇の中でではなく光の中で仕事をすることになるだろう。花の愛好家が献身的に花の世話をしたときの結果には、そうした相互協力の前触れがうかがえるのである。自然の精霊は、感情に反応する。とくに人間の親切な思いやりや愛情には、心から感謝の情を示す。花や果物に関連していないほかの精霊にもそれが当てはまるかどうか、私にはわからないが、少なくとも花や果物については断言できる。そうしてこうした自然の精霊のことを、事例から経験的に計るだけではなく、理性的な方向から努力して究明していけば、人類の未来の可能性のためになるのではないかと思うのである。人間界に、細やかな感情と身体の働きを伴った旺盛な精神に関連した自意識が呼び覚まされれば、何世紀にもわたる精霊たちへの借りを返すことが可能になるかも知れない。自然の精霊たちの進化に、われわれが意識的にかかわったことは一度もない。しかし状況を理解すれば、われわれは理性的に協力し合い助け合うことができる。そして両者が相互利益に奉仕するならば、手探りの実験や私利追求のための栽培などに、とって代わることができるのである。

E・L・ガードナー

妖精の根源的な力について、神智学の文献のなかでもっとも掘り下げて扱った人物といえば、リードビーター主教であろう。私はオーストラリアの旅行中に彼に出会ったのだが、その高徳を漂わせた風貌、苦行者のような習慣、そして自らが語る自分の非凡な霊視能力の話には感銘を受けた。彼はその能力で、多くのアルカナ（錬金術師が求めた自然界の秘密）を開いてきたのだという。主教は「存在の隠れた側面」という著書のなかで、各国の妖精について詳しく述べている。これまでの情報提供者の多くが、花を育てている「小さな生きもの《リトル・クリーチャー》」を目撃したというが、ある霊視能力者《シーヤー》が述べていることを次のように書いている。

花を世話する「小さな生きもの」は、大きく二つの種類に分けられるだろう。もちろんどちらの種類もさらに何種類かになる。第一の種類は、根源的《エレメンタル》〔地・水・火・風の四元素の精霊〕と呼んでさしつかえないだろう。というのは、彼らは美しいは美しいのだが、実際は単なる「想念体《ソート・フォーム》」にすぎず、それゆえ生きものではないからである。むしろ彼らは、一時的にだけ生きものであると言うべきなのかも知れない。その短い生のあいだ、彼らは活動的で忙しくしているが、実質的な進化をすることはないし、生まれ変わることもないのである。仕事を終えると彼らは散り散りになり、周囲の空気の中に溶けていってしまう。彼らは「大存在《グレート・ビーイング》」の想念体、さもなければ天使であり、植物界の進化を担っているのである。

これら「大いなる存在《グレート・ワンズ》」の一つが、自分が管理している植物や花々の一つの種類について新しい考えを抱くと、それを実現するという特別な目的のために、しばしば想念体を作りだす。想念体は、たいてい次の二つのうちいずれかの形をとる。一つは、花自体の形をした空気のような幽質のもの、もう一つは、植物の芽が形成されその芽を天使の考えた形や色に徐々に組み込んでいく期間中、植物または花々と過ごす小さな生きものの形である。しかしそれらは、植物が充分に育ったり花が開いたりするやいなや仕事を終え、力を使い果たしてしまう。そして先に述べたように、まるで溶けるように大気の中に消えてしまう。なぜなら、その一つの仕事をしようとする意思こそが、それらが有する唯一の魂であるからだ。

しかしまったく別の種類の「小さな生きもの」もいる。この種類は花と遊んでいるところを頻繁に目撃されている。この場合それは実在する自然の精霊である。これらの精霊も多様性に富んでいるが、よくある形態はハチドリに酷似しており、ハチドリやミツバチのように花の周りをぶんぶん飛んでいるところが、よく目撃されている。こうした美しい小さな生きものたちは、けっして人間になることはない。なぜなら、彼らと人間の進化は同じ系統ではないからだ。そもそも彼らを動かしている命は、植物界にあっては、小麦やカラスムギのような穀草類を通じて地上に現れ、その後、動物界にあってはアリやハチを通じて表面化する。そしてようやくこれら小さな自然の精霊の水準に到達する。魂が入るのは次の段階で、それから地球上に生息する、空気のような身体をもった美しい妖精になるのである。その後彼らはサラマンダー（火の精、冷たい火トカゲ）になり、より進化するとシルフ（空気の精）になる。こうしてやっと幽体から霊体になる。さらに進化すれば、彼らは偉大なる天使界のさまざまな段階を通過していくことになる。

リードビーター主教は、実際の観察で得た確信に基づいて、それぞれの国における妖精の特徴についても書いている。

シチリア（シシリー）の葡萄畑で踊る、活発で陽気な、橙色と紫色の小人《マニキン》、もしくは深紅と金色をした小人、ブルターニュのオークの木とハリエニシダに覆われたヒースが生える野の中を静かに移動する物思いに沈んだ灰色と緑色をした「生きもの《クリーチャー》」との違い、あるいはスコットランドの丘の中腹にいる金茶色の「善き人々《グッド・ピープル》」とのあいだの違いほど、顕著なものはないであろう。

イングランドではおそらくエメラルド・グリーン（鮮緑色）をしたものが、もっとも見られるだろうが、それを私はフランスやベルギーの森の中でも見たし、さらに遠く離れたマサチューセッツ州でも、ナイアガラ河の土手でも見たことがある。ダコタ州の広大な平原にはほかの地では見たことのない白と黒色のもの、カリフォルニア州には、ほかの土地にはいないユニークで可愛らしい、白と金色の種類が生息しており、私の目を楽しませた。オーストラリアでもっとも頻繁に見られる種類は、空色の見事な光を放つ特徴的な生きものだが、そのなかでも、ニュー・サウス・ウェールズ州やヴィクトリア州に生息するものと、熱帯のノーザン・クイーンズランドのもののあいだでは大きく異なっている。後者はおよそインド諸島に見られるものに似ている。

またジャワ島には、この優雅な生きものが多く生息している。よく見られるのは二つの特徴的な種類である。両方とも単色だが、一つは微かに金属的な光沢を持つ藍色のもので、もう一つには、知り得るかぎりの黄色の色合いで、両者とも奇怪であるが、不思議と印象的な魅力を持っている。この地方に特有な種類は、フットボール選手のユニフォームのように緑と黄色の縞模様に彩られたものである。縞模様はおそらく世界でもこの地域特有のものだろう。というのは、私は同じような赤と白の縞のものをマレー半島で、緑と白の縞のものをその反対側であるスマトラのストレイツで見たからだ。この巨大なスマトラ島では、嬉しいことに、以前セイロンの丘陵地でしか見たことのなかった可愛らしいヘリオトロープ（ラベンダー色、芳香性）の種類を見ることができた。南下してニュージーランドでは、緑色に近い深い青色がその地域に生息するものの特徴である。また南太平洋諸島では、真珠の母貝のように虹色にぴかぴか光る銀白色のものに会うことができる。

インドにはあらゆる種類がいる。丘陵地に生息する、繊細な淡紅色と淡緑色をしたもの、それに淡青色と桜草色をしたものから、平地に生息する、輝く色彩を豪華に身に集めたようなものまで、平野に特徴的な、野蛮なほど強烈な色彩のものが豊富にいるのである。

この驚くべき国では、私はいくつかの地域で黒と金色をした種類を見たが、それはアフリカの砂漠を連想させるものだった。またアトランティス文化の彫像（オリカリクム）のように、深紅色に輝く金属から作られた像に似た種類も見た。

最後のものとやや類似しているのは、ブロンズで鋳造し磨いたような外観の興味深い種類で、火山の噴火口のすぐそばに住処があるようだ。というのは彼らを見た場所というのが、ベスビアス火山やエトナ火山の斜面、ジャワの奥地、サンドウィッチ諸島旬、北アメリカのイエローストーン国立公園、それにニュージランドのノース・アイランドの一地域といった火山地帯だからである。彼らに共通して見られるいくつかの点から、彼らが原始的な種族の生き残りであり、ノームとフェアリーの中間段階にある一種だと結論づけられるだろう。

まったく違った種類の自然の精霊が、ある近接した地域に密集して生息しているのが見つかったことも何度かある。またすでに言及したが、鮮緑色をしたエルフはベルギーではよく見られるというのに、一五〇キロほども離れていないオランダではほとんど見られない。その代わりオランダでは、真面目そうな、濃い紫色の種類が見られるのである。

アイルランドの妖精に関する彼の報告は、実に興味深いものである。かの国の神聖な山についてリードビーター主教はこう述べている。

地上の海抜が、妖精分布に影響するという興味深い事実がある。山に属するものと平野に属するものは、分布上ほとんど重ならないのである。伝説的なアイルランドの聖なる丘の一つ、スリーブ・ナ・モンに登ったときのことをよく覚えている。そのとき異なった種類ごとに、明確な分布上の境界線があるのに気がついた。平野に固まれた低い斜面には、活動的でいたずら好きな、赤と黒色をした小型の種類がいる。彼らはアイルランド南部や西部の至る所で群れをなしている。その種類はおよそ二千年前、古代のミレー族〔神話の入島民族。アイルランドの祖先〕の魔術を使う祭司が人々をおおいなる幻想の影響下に置き、自分たちの支配を永久的に確実なものにしようとして建立した〔ドルイド教の儀礼〕磁気地帯の中心に、とくに惹きつけられているようだ。半時間ほど登っても、赤や黒色の仲間は一つも見つけられなかった。しかし代わりに丘の斜面には、遠い昔からトゥアハ・デ・ダナーン〔女神ダーナの神族。ミレー族に破れ海の彼方や地下に逃れ目に見えぬ種族（妖精）になる〕に忠誠を誓っている、青と茶色のおとなしい種類がたくさんいた。これらもまた、自分たちの生息地域のはっきりした境界を保っていたし、今まで頂上付近の場所に侵入した自然の精霊はいなかった。その頂きは二千年以上にわたって偉大な緑の天使を祀ってきた神聖な場所であり、その天使は神秘の国エリン〔アイルランド〕の過去と未来をつなぐ生命力の中心を守っているからである。人間とは比べ物にならないほど大きい、巨人のような形体をした種類がいる。彼らは新緑の葉のように柔らかく輝き、微かに光る言語を絶した色をしており、星のように輝いては、永遠のなかに生きるものの平穏さに満ちた不思議な目で、地球を見渡している。そして冷静かつ確実な認識のもとに、指名の時を待ちつづけている。そのような光景を見れば、人間は物事の隠れた側面の力や、重要性を充分に理解することができるのである。

ここに引用したリードビーター主教の文章は、前述した神智学出版社刊行の著書の中にあるので、詳しくはその本を参照していただきたい。これは超自然現象についての知識の宝庫であり、妖精に関する詳細な記述には、驚くほどほかの情報との合致が見られる。

私はここに、読者諸氏にたいし、コティングリーで撮影に成功した五枚の写真にまつわる情報を十二分に提供したと思う。三番目の写真を撮るのに失敗したとき、少女たちとともに現地に赴いた霊視能力者《クレアヴォイアントー》の軍人が体験した記録も掲載した。また自分が直面した批判を、ここには分析して書いた。そしてまたコティングリー事件の前後にわたって入手した、真偽の定かでない膨大な数の証言を判断する機会を、読者のみなさんには提供してきた。そして最後に、妖精という生きものの存在を支持し、それについて真剣に考察を試みた唯一の思想体系、神智学が定義する一般的な理論も提示した。すべてをじっくりと読み終えた方々は、いまや一人の調査者として、ガードナー氏、あるいはこの私と同じ立場にある。ならばそれぞれの人が、自ら判定を下さなくてはならないわけである。

私自身、今回の事件は、心霊主義的な現象での出来事ほどに、圧倒的な証拠によって証明されたと満足してはいない。われわれはまだ、クルックス卿やロッジ卿、またロンブローゾ博士のような、科学界最高の頭脳を動員できないのである。しかしその願いも叶えられないことではない。また今後も新しい証言は歓迎するが、しかし分別心のある人にとっては、現段階で入手されている証拠・証言だけといえども、たやすく片づけてしまえるものではないであろう。少なくともどんな直接的な批判にも、けっしてびくともしない事例は、現にこうして存在しているのである。何ものをも恐れず批判でさえ、純粋な真理の探究を行う者にとっては、それが真剣で正直なものであるかぎり、憤慨の対象であるどころか、もっとも歓迎すべきものなのである。

コナン・ドイルの「妖精写真追跡事件」を辿って

井村君江

アーサー・コナン・ドイルと言えば、「シャーロック・ホームズ」とだれからも反射的に答えが返ってくる。ドイルが生みだしたこの探偵と助手のワトソン医師が、ヴィクトリア朝時代のイギリス社会で起きる事件の解決に活躍する物語シリーズは、世界的にあまりにも有名である。架空の人物なのにロンドンのベーカー街二二一B番地には、各国からホームズ宛ての手紙が今も届くし、トラファルガー広場に近いノーサンバーランド街一〇番地のパブの二階には、ホームズ愛用の鹿打ち帽《ディア・ストーカ》にマント、ストラディヴァリウスのヴァイオリン、蔵書やコカイン注射器まで載ったテーブルが置かれた居間もある。

イギリスの最高学府オックスフォード大学出版局からは、最初の『緋色の研究』から『シャーロック・ホームズの事件簿』まで収録した『オックスフォード・シャーロック・ホームズ』（一九九三年刊行）全九巻として、詳細な注釈付きで刊行されており、世界の愛好家「シャーロッキアン」が書いた本、論文、雑誌記事等、言わばホームズ学の成果は、『ザ・ユニヴァーサル・シャーロック・ホームズ』四巻（ロナルド・バード・デュ・ワール編、トロント、一九九四）として編纂され、その数二万四千七百三編に及んでいる。ドイルの初めての探偵作品『緋色の研究』（一八八七）は、出版当時、読者の間で評判にならず、次作は一七世紀が舞台の歴史ロマン小説『マイカ・クラーク』（一八八九）で、初めて会った当時の流行作家オスカー・ワイルドに「感心した」作品と褒められている。しかし次の歴史小説『白衣の騎士団』（一八九一）また『ナイジェル卿の冒険』（一九〇六）もこのジャンルだが、資料を博捜し再構成した「完成度の高い野心作」と自伝で自賛していてもあまり読者に愛されていない。『勇将ジェラールの冒険』など十篇の短篇小説、『行動の詩』他詩集三冊、『ボーア戦争』など二冊の戦記ものも愛読者は稀である。心霊研究に関する十冊の著書となると、読まれぬどころか作者にとって隠すべき作品のように無視されているが、本書『妖精の到来』（一九二二）はこの分野に属するのである。

ドイルの父は妖精画家だった

アーサー・コナン・ドイルは、父チャールズ・アルタモント・ドイルとメアリー・フォーリーの八人の子供（内二人は早世）の長男として、一八五九年エディンバラに生まれた。父はスコットランド土木庁に測量技師補として勤務、母もまたアイルランドの（プランタジネット家の系統を引く名家）の出身である。祖父ジョンは一四世紀にフランスから定着したアイルランドのダブリナーで、スポーツ絵画、とくに馬の絵描きとして知られ、息子四人の三人までが画家を出発点として名を成した。ジェイムズは画家で学者、ヘンリーは国立美術館の館長となり、リチャードはデッキイ・ドイルの愛称で「パンチ」誌の表紙デザインや風刺漫画家として活躍し、『妖精の国で』（W・アリンガム詩、一八七〇）の挿絵や『誰でもない王女さま』（アンドリュ・ラング作、一八八四）等で、マジカル・ランドの草蔭に遊ぶ魅力的な妖精像を描いた。

リチャードより八歳年下の末息子チャールズ（アーサーの父）も、父から豊かな画才を受け継いでいた。しかし幻想性の強い画風が時代に合わず、商才もなく絵画は収入の足しにはならず、勤めの薄給と妻のやりくりで、大勢の家族と貧に絶えながら生活していた。チャールズはアルコール依存症のため、四十歳後半で職を辞した後は、モントローズ王立精神病院に入院し、亡くなるまでの間、精神病院で過ごすことになる。病院で描いた絵日記が今世紀発見されたが、妖精信仰のあるアイルランド人の血を引く目には、自然のなかに「妖精が見えた」らしく、プリムローズに寄りそう妖精乙女や、ヒイラギの枝の怪しいポーズのユーモラスなゴブリンなど、特異な着想と表現力をうかがわせる多くの妖精画を描いている。

父親のこの超俗的な傾向と家族を支えた母親の現実性と、伯父と父が描いていたさまざまな妖精の絵画は、幼い頃からアーサーに影響を与えずにはいなかったろう。「ブラシのかかっていないシルクハットを被った優雅な物腰の耽美的な夢想家」の父の怠惰癖やアルコール中毒症には批判の目を向けていたが、アーサーは父の幻想性や妖精絵画を「ブレイクより凄い」と見ており、一九二四年には父の遺作展を催している。最初のホームズ作品である『緋色の研究』の単行本には、父に依頼した挿絵を入れている。

「シャーロック・ホームズ」の作者ドイル

ドイル家はカトリックであったため、アーサーはイエズス会のストーニーハースト校（ランカ

伯父リチャード・ドイルが表紙を描いた「パンチ」誌（上）とリチャードの絵（左）

父チャールズ・ドイルの妖精画

シャー）の学寮で学んだが聖職は免れ、かえってクリケット選手として活躍したが、のちにアマチュア・ボクサーでもあった万能スポーツ家の素質は、この学生時代に養われたようだ。さらにエディンバラ大学で医学士の学位を得てから、しばらく捕鯨船の船医として大洋を航海したことも、逞しい体格形成に一役買っていたろう。

だがドイルがプリマスやポーツマスのサウスシーで開業医をやっていたのは、通算して九年間だけである。一八八五年には患者の姉に当たるルイーザ・ホーキンズと結婚し、二人の子供が出来るが、彼女は結核に冒され二十一年目で死去。翌年ジーン・レッキーと再婚し三子をもうけている。サウスシー時代、患者のあまり来ない診察室で小説を書きはじめ、初期に出したいくつかのホームズものがすでに評判になっており、文筆一本で生きる決心をし、医師生活に見切りをつけた。一八九一年、「持っていたハンカチを喚声とともに天井に投げ上げ、これで思い通りに生きられる」と思った瞬間は、生涯最高の至福だったと回想している。

ドイルはホームズの探偵小説シリーズを生みだし講演をし、軍人としても戦場に行くなど、ちょうどワイルドやビアズリーのような耽美的作家や芸術家とは対照的な位置で、積極的に大英帝国の理想実現に邁進し活動する愛国者、ヴィクトリア朝時代の典型的な作家と見られていた。「戦争に栄光を見、心霊術に光明を見」る子供っぽさは終始あったようだが、一九〇二年にはナイト爵に叙せられ、時代の最高の栄光に輝いたのである。サーの称号を持つ立派な髭のヴィクトリア紳士には、小説や舞台や映画で人々に愛される「シャーロック・ホームズ」シリーズは相応しかったただろうが、心霊術や神智学、妖精信仰などは、あるいは無くもがなの側面だったのであろうか。

アーサー・コナン・ドイル（写真：ハーバート・ローズ・バロー、1893年）

心霊主義者としてのもう一つの顔

明晰な頭脳と理知で事件の真相を解明していくホームズの世界が「明」ならば、裡なる世界を求め心霊主義への傾倒は「暗」であるが、ドイルを理解するにあたってこの面はけっして不必要な面ではない。この著作『妖精の到来』が属す超自然の生きものや心霊に関する分野、心霊学（スピリチュアリズム）神智学（セオソフィー）、神秘主義（ミスティシズム）への関心を、ドイルはすでにサウスシー時代から持っていた。十代の頃にカトリックの信仰を拒否したドイルは、「死という障壁を破壊し、壮大な未来の宗教を打ち立てること」を目していた。ここで興味深いことが思い出される。すなわち探偵物語の『最後の事件』（一八九三）で、ホームズはスイスのライヘンバッハの滝の崖の上で、天才的犯罪者モリアーティ教授と組み合ったまま滝壷に落ち生死不明となる。ドイルはスイスで妻ルイーザの療養と看護に専念するため、ホームズを抹殺して連載の筆を折ろうとしたのである。しかし読者から嘆願や脅迫に近い要望があって、ホームズを再生させたことは知られている。失踪したホームズはどのように生きていたか。

『シャーロック・ホームズの生還』の『空き家の冒険』（一九〇三）ではこう説明されている。すなわち「二年間チベット旅行に出かけ、ラサへいってダライ・ラマと数日を過ごし」「ペルシャを通過し、メッカに立ち寄って、カルトゥームで回教教主《カリフ》と会っていた」のである。ラマ教や回教の神聖な中心地メッカの地に行っていたわけである。言わば東洋の仏教思想や宗教を求めての旅であり、「ヨーロッパ第一の探偵の老練な観察力と鋭敏な知力」の持ち主シャーロック・ホームズも、内面の心霊や宗教問題を追求していたわけである。探偵家ホームズの行動も、このドイルの「暗」の部分と全然無関係ではないのである。

ドイルは早くから形而上学の書物や心霊術、マダム・ブラヴァツキーの神智学関係の文献を広く読んでいた。当時一般に心霊術熱が盛んであり、実際に降霊術で霊媒を通し、霊が語る死後の世界の話を聞いたり、遠隔の者に思念を伝達させること（テレパシー）などが行われており、その経験を通してドイルは次第にこの世界に深入りし、一八九三年には心霊現象研究協会に入会している。

エーテル研究で名高かった物理学者オリヴァー・ロッジ卿の息子レイモンド・ロッジが、「肉体は死んでも、記憶と愛情は生き残る」ことの実例を収集して書いた『レイモンド・生と死』（一九一七）を心霊に関する最高の著書とドイルは賛美しているが、この著書に啓発されたり、また現実では一九一八年に息子キングスリー、続いて愛する弟イニスがわずか数か月のうちに病死し、この悲嘆の経験を通し「愛する者は死後もなお生き続けるはずだ」という確信を得て、『新しい啓示』（一九一八）、『生命の言葉』（一九一九）を書く。また霊の導きを得ようとする主人公チャレンジャー教授の冒険の話『霧の国』（一九二六）を書いている。また死の二年前には全二巻に及ぶ『心霊主義の歴史』（一九二六）を完成させており、この分野でも造詣が深かったことがわかる。最後の著書も、病床で書いた心霊術やその歴史をめぐる問題を扱ったエッセイ集『未知の淵』（一九三〇）であった。

夫の心霊術に疑いの目を向けていたはずの妻ジーンが、弟マルコムの戦死から突然、一九二一年頃から「霊感筆記」を始め、彼女を通じて降霊会による霊との交信がはじまる。アイルランドの作家W・B・イエイツの妻ジョージ・ハイド・リーズが、やはり心霊術から自動筆記（オートマティック・ライティング）を始め、それをもとに宇宙的人間観の組織化を試みようと『ヴィジョン』（一九二五）を書いたイエイツの場合が思い出される。ジーンには翌年アラビアのフィニアスという指導霊が現れ、「半憑依状態」のオートマティック・ライティングが始まり、ドイルは「心霊体（エクトプラズム）独特のオゾンの匂いをかいだ」とか「使用していない写真のネガ・フィルム板に死んだ人が映っていた」などという不思議な体験を、『フィニアスは語る』（一九二七）にまとめている。ドイルはこうした体験を得てさらにこの世界へ家族ぐるみで入っていくこととなり、心霊主義の福音を説く伝道者のような目的をもって、アメリカやカナダ、オーストラリアに家族で講演旅行に出かけている。一九二五年にはパリの国際心霊主義会議で議長を務めている。

「妖精写真」との遭遇

このオーストラリア講演旅行に出かけるとき、コティングリー村で妖精の写真が撮れた情報を得るわけである。それは一九一七年七月、南アフリカからヨークシャーのコティングリー村に帰った九歳のフランシス・グリフィスが、滞在する親戚の家の十五歳の従姉妹エルシー・ライトと、近くの森や小川で遊ぶうち妖精に会い、父からカメラを借りて撮り現像してみると妖精写真が撮れていたというのである。

心霊術や超自然現象ばかりでなく、妖精体験に関しても興味を持ち、その資料を集めていたドイルはこれを聞いて喜んだ。だが属していた心霊現象研究協会で問題にする写真は死者の霊魂のものであって、自然の精霊である妖精の写真はほかの次元の問題である。かえって地・水・火・風の四大精霊の存在を肯定する神智学のほうが、妖精の存在を認めるはずだと信じたドイルは、一九二〇年にロンドンのモーティマー広場の神智学協会ホールで、妖精に関する講演をするが、あまり賛同者は得られなかった。

しかしドイルは、ホームズにとってワトソンに当たるエドワード・L・ガードナーという神智学者の協力が得られた。ドイルの講演旅行中に妖精写真に関する現地調査や情報収集、その報告を依頼する。それをドイルは記録し解釈を施して『妖精の到来』(一九二二)にまとめたわけである。だがドイルは自分の妖精写真肯定説を証明するためではなく、調査の経過や情報の記録を発表し、手の内を見せて最後の判断は読む者に任せるという態度をとっている。しかしその過程を見ていくと、ホームズとワトソンが組んで事件の周囲の状況や体験を収集し探求し、真相を解明していく手口が見えてくるように思えるのである。

まずドイルの妖精写真の情報入手の順序、言わばエドワード・ガードナーを知るまでを見ると、はじめドイルが妖精写真の存在を知るのは一九二〇年五月、心霊学会雑誌「ライト」の編集長ガウ氏の話からである。彼からスカッチャード女史に紹介され、女史から友人のガードナー女史へ、彼女から神智学者ガードナーにと、紹介のリレーによって辿り着くのである。

ガードナーは、妖精の存在を信じていた。ヨークシャーのブラッドフォードの二少女と妖精たち、エルフ、ゴブリンの写真を、すでに鑑定家に依頼しているという。ドイルはガードナーに会ってその誠実さを感じ入り調査を依頼し妖精写真を見せたが、信じる様子のない尊敬するレイモンド・ロッジには失望を覚えた。しかしこれが妖精を信じる六十を過ぎたドイルへの、友人たちの態度であった。親しかった『ピーター・パン』の作者ジェームス・バリさえも、心霊や妖精信仰に深入りしたドイルを避けていたようである。

「写真」の真偽をめぐっての経緯

心霊写真に興味を持っていたドイルは妖精写真をこの線上で考えて認めていたようである。同じ年に『心霊写真の実例』(一九二二)をまとめている。彼は心霊写真家ウィリアム・ホープを支持し、グラスゴー市で写したウィリアム・ジェフリーの心霊体《エクトプラズム》を信じていた。ロナルド・ピアソールによれば、「エクトプラズムは一九〇三年に霊媒エヴァ・カーリエアの体から出た白い奇妙な物質に、フランスの生理学者シャルル・リシェが付けた名前」ということである。「霊媒の口から出る半透明の濃い霧、羊毛のような雲、灰白色のガス、雲の柱、薄汚れた白く見える物、白い透明なもの」と表現された「霧の体や霊の顔を人が想像する素材」であると説明している(『シャーロックホームズの生れた《ママ》家』新潮選書、小林司・島弘之訳参照)。また幽霊《ゴースト》はこのエクトプラズムの一種であり、見る人の目に物体(プラズマ)として映るものだというのがドイルの意見であり、妖精の存在も写真も、このエクトプラズムの理論から解説が可能かも知れない。

しかし本書でドイルはこの説は取り上げていない。

ドイルは講演旅行の途にあり、イギリス不在だったことで、妖精写真の現場と撮影者や状況の調査は、エドワード・ガードナーに依頼される。しかし妖精写真そのものの真偽に関しては、ドイル自らオートタイプ・カンパニーに三十年勤務する写真専門家スネリング氏に鑑定を頼みに行っている。彼はこれを二重写しもない本物だと証明してくれた。だがキングズウェイにあったカメラ会社コダックを訪れて専門家の鑑定を依頼したところ、本物との保証は得られず、またトリックの可能性もあると言われる。

当時まだ写真は珍しく、またカメラは高価で一般化していなかった。エルシーの父親ライトが持っていた箱型のミッジ・カメラも当時は珍しいもので、また自分で焼き付けできる技術を持っている者も少なかった。ドイルが妖精写真を自らルーペで調べて「ゴブリンの横笛には優雅な縁飾りが付いているが、これは妖精の世界にも芸術がある印だ」と言っているのは、今では少々奇妙に聞こえる。

ガードナーのほうはヨークシャーのライトの父や娘に会いに三度も現地に赴き、経緯報告の書簡をドイルに送る。彼は何度も妖精の写真を撮ろうとして、三回目には立体写真機で試みたが妖精は写らなかったのである。ガードナーは妖精の存在を信じており、妖精は本来蝶の仲間に近いが、人間の思考の強い影響を受けて人間の形をとり、植物の成長を司り、花に色を付ける仕事をし、自然の造化に寄与する精霊と見ている。ドイルはこれまでの経過をそっくり妖精写真事件として「ストランド・マガジン」誌のクリスマス号にまとめて掲載した。「目に見えなくとも、妖精がいると思うだけで、小川や谷間が楽しくなり、田園の散歩にロマンティックな魅力が増すものです」というドイルの言葉は、二少女に聞かせているようであり、自然のなかに妖精を想像する楽しさを述べており、実在するか否かは問題ではないような書きぶりである。しかしほかでは、妖精は庭の生け垣のそばに存在するのに、人間以外の種族に心を通わせる方法を知らない人たちは気の毒だ、とも言っている。

エルシー・ライトの父親に宛てた一九二〇年と二一年のドイルの手紙が最近発見され、サザビーでオークションにかけられた(一九八七年七月)。前者は「『ストランド・マガジン』誌に妖精写真を掲載させてもらったお礼に五ポンド送る」とあり、後者は『妖精の到来』にも妖精写真を使わせてもらったお礼で『妖精の持参金』と思ってほしい」と書いており、一〇〇ポンドの小切手が入っている。お金はいっさい介入させないと本には書いてあるが、ドイルの心遣いがうかがえる手紙である。

一九八二年には「ブリティッシュ・ジャーナル・オブ・フォトグラフ」誌に、ジョン・クローリーが写真技術の見地から合成写真の解明を試みたが、完全には解明されないという記事が出た。長いこと真偽をめぐって人々の意見が交わされたが、ヒル夫人になった晩年のエルシー・ライトが、一九八四年にヨークシャー・テレビのインタビューで、五枚の妖精写真は一枚を除き、自分が紙に描いて色を塗ったものを切り抜き、長い帽子のピンで留めてキノコの上に差し撮影したものだ、ということを告白したので、半世紀にわたる謎は解決したのである。

コテイングリー村の現在と「妖精」

現在も家はコティングリーのリンウッド・テラス三一番地にそのまま残っている。花の咲いた

「ストランド・マガジン」誌1920年クリスマス号と、掲載されたドイルの記事

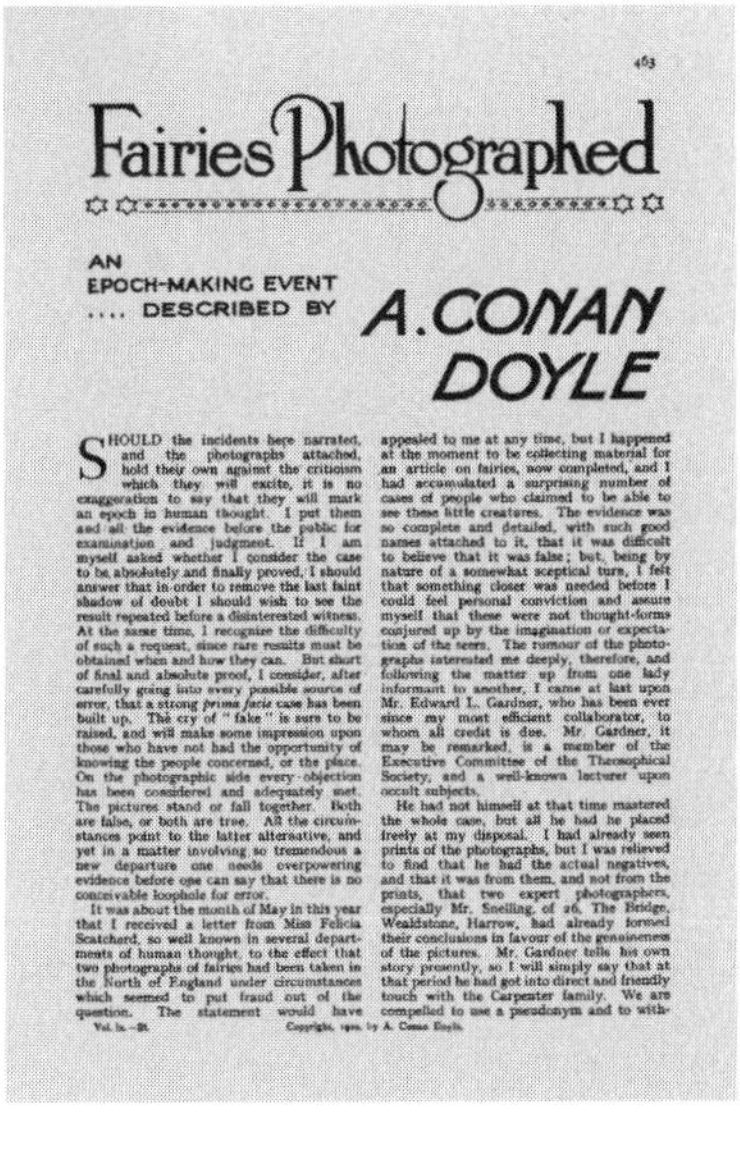

Fairies Photographed

AN EPOCH-MAKING EVENT .... DESCRIBED BY A.CONAN DOYLE

SHOULD the incidents here narrated, and the photographs attached, hold their own against the criticism which they will excite, it is no exaggeration to say that they will mark an epoch in human thought. I put them and all the evidence before the public for examination and judgment. If I am myself asked whether I consider the case to be absolutely and finally proved, I should answer that in order to remove the last faint shadow of doubt I should wish to see the result repeated before a disinterested witness. At the same time, I recognize the difficulty of such a request, since rare results must be obtained when and how they can. But short of final and absolute proof, I consider, after carefully going into every possible source of error, that a strong *prima facie* case has been built up. The cry of "fake" is sure to be raised, and will make some impression upon those who have not had the opportunity of knowing the people concerned, or the place. On the photographic side every objection has been considered and adequately met. The pictures stand or fall together. Both are false, or both are true. All the circumstances point to the latter alternative, and yet in a matter involving so tremendous a new departure one needs overpowering evidence before one can say that there is no conceivable loophole for error.

It was about the month of May in this year that I received a letter from Miss Felicia Scatcherd, so well known in several departments of human thought, to the effect that two photographs of fairies had been taken in the North of England under circumstances which seemed to put fraud out of the question. The statement would have appealed to me at any time, but I happened at the moment to be collecting material for an article on fairies, now completed, and I had accumulated a surprising number of cases of people who claimed to be able to see these little creatures. The evidence was so complete and detailed, with such good names attached to it, that it was difficult to believe that it was false; but, being by nature of a somewhat sceptical turn, I felt that something closer was needed before I could feel personal conviction and assure myself that these were not thought-forms conjured up by the imagination or expectation of the seers. The rumour of the photographs interested me deeply, therefore, and following the matter up from one lady informant to another, I came at last upon Mr. Edward L. Gardner, who has been ever since my most efficient collaborator, to whom all credit is due. Mr. Gardner, it may be remarked, is a member of the Executive Committee of the Theosophical Society, and a well-known lecturer upon occult subjects.

He had not himself at that time mastered the whole case, but all he had he placed freely at my disposal. I had already seen prints of the photographs, but I was relieved to find that he had the actual negatives, and that it was from them, and not from the prints, that two expert photographers, especially Mr. Snelling, of 26, The Bridge, Wealdstone, Harrow, had already formed their conclusions in favour of the genuineness of the pictures. Mr. Gardner tells his own story presently, so I will simply say that at that period he had got into direct and friendly touch with the Carpenter family. We are compelled to use a pseudonym and to with-

コティングリー村の小川（1997年）

現在のコティングリー村。商店のスナップ

裏庭から道を辿っていくと、すぐに少女たちが紫や薄いピンクの羽根のある妖精を見たという小川（この地方ではベックという）の流れのほとりに出られる。不思議な形の岩に水が滝になって流れ落ちて石に当たり、ちらちら木洩れ陽と反射し合って、何か妖精の出現を感じさせるような場所である。絵が上手でラッカムばりの妖精画を描いていたエルシーや、妖精画の絵本の好きだったフランシスが、光る水飛沫やそよぐ草の中に、妖精を感じたり見たと言っても疑えないような美しい自然環境である。村の唯一の郵便局兼雑貨店のウィンドウには、一九九七年現在、初めて妖精の人形が飾られ、妖精に囲まれたエルシーの妖精絵葉書が一種類売られている。イギリスではロイヤル・アカデミーの「ヴィクトリア妖精絵画展」（一九九七）が開かれ妖精ブームが訪れており、再びコティングリー村は注目されてきたのである。妖精と少女の写真は全部、現在リーズ大学の図書館に「ブラザートン・コレクション」として保管されている。

このコレクションの資料をもとに、当時の二少女に実際に会って親しく話を聞き、現地を訪れてこの妖精事件を解明していった心霊学研究家のジョー・クーパー氏は、これを『コティ

ング リー妖精事件』として出版している（一九九〇）。氏から直接聞いたが、エルシーも、写真は偽造《フェイク》だが一枚だけは説明がつかないという。またフランシスのほうは妖精の実在を信じており、五枚のうちの一枚「妖精たちの日光浴の繭」（「あずまや」）の写真は、作ったものではないと何度も彼に言ったそうである。ヨークシャーで会って話したあとでクーパー氏は、ダートムアのある婦人が先週、妖精の写真を撮ったので、これからそれを見に行くところだという。妖精写真事件は、コティングリー村にかぎらず、まだ現代でもイギリスの各地では絶えず起こっているようである。コティングリー事件の妖精写真は偽造だったかも知れないが、妖精の存在は偽りではないかも知れないのである。

ガードナーの言うように「妖精という魅惑的な小さい生きものが、二〇世紀の現代にベールを脱いで、暗い影の彼方から歩みだす望みがある」かも知れない。またドイルの心霊や妖精にたいする考え方は、現代のイギリスで盛んなニューエイジ運動に、一脈通じるものがあるようだ。彼等は目に見える、限りある現実世界の領域を、目に見えない心霊の無限の世界に関係させて広げ、植物の成長に自然の精霊、妖精の助力を信じる。またメディテーションを通して心霊との交信が重んじられ、裡なる精神療法ヒーリングの必要性が語られ、自然の花や植物、ハーブの香りの力を借りたアロマセラピーやハーブ療法なども復活してきている。

もう一度こうした新しい視点から、ドイルの記録している妖精追跡体験の軌跡を辿ってみることは、意義のあることではないかと思うのである。

あとがき

井村君江

「妖精と少女」として残っている五枚の写真はひじょうに印象的で、日本でも知られている。この写真を少女たちが創った芸術作品とみてはどうか。作品として鑑賞されたいのである。この場合、写真は芸術作品を制作する道具となる。アーサー・コナン・ドイル卿が、妖精の存在を容認したのは、まずこの写真が実在することであった。これが道具となれば、また解釈が異なってくるわけである。

じつはこの妖精肯定論であるドイルの『妖精の到来』（一九二二年）は、ドイル卿が疑い深い著者であり、多くの疑問を抱えているせいか、結論までただ一筋の肯定論ではないのである。ドイル卿は妖精写真が、二人の乙女から手に入った経路から、その時のドイル卿の友人たちの書簡と事情説明、妖精を見て経験した人々の各国の手紙、妖精肯定論の反響としての各新聞や雑誌の記事、ドイル卿が自分の担当分野と、その相談役であったガードナー氏との背景・経過状況等が詳細に述べられている。「ガードナー氏が人物の方面を担当して取材し、私（ドイル卿）はその成果を考察してそれらを文章にしていく」と取り決めたことを第一章で述べている。従ってこの著書は、当時の初期ウィンザー朝時代の資料収集記録とも、共著本ともみられるのであるし、そうした立場からみてこそ価値があるものであろう。ドイル卿にはガードナー氏という有力な協力者、有能な助手がついていたわけである。ドイル卿は妖精肯定論者と言われ、自分の意見を一冊の本にまとめ、妖精存在論には肯定的だが、他の有力な人々の論説も欲しいと更なる論評を求めている。これは我田引水のためではなく、客観的見方を熱望しているからである。

「私自身、今回の事件は、心霊主義的な現象での出来事ほどに、圧政的な証拠によって証明されたと満足してはいない」（第8章）と言っており、現段階で入手可能な証言は片づけるべきでなく、今後の新しい証言を歓迎するとしている。この表現を、見落としてはならないと思う。ドイル卿は「妖精という生きものの存在」を信じ、それについて神智学的立場からの説明と、ドイル卿側からの私的説明を述べているわけである。そして、「小さな住民たち」（リトル・フォーク）がいると考えるだけで、「小川や谷はなにか新しい魅力を増し、田園の散歩はもっとロマンティックな好奇心をそそるものになるであろう」と結論づける言葉を述べている。ドイル卿は、「人間の精神の地平を広げたい」と思っているのだ。この結論が、現代に生きるわれわれにとって、どのように妖精に対処したらよいかを考える、よすがになればよいと思っている。

この翻訳書は一九九八年にあんず堂より出版されたが、同社の社長の他界に伴い会社が解散したためか入手困難となった。今回、岩田恵女史の再編集により、アトリエサードから出版される運びとなり、喜ばしいことである。「まえがき」「あとがき」での私の意図をお読み取りくださり、新たな編集方針をお判りいただければ幸いである。

［参考文献］

Arthur Conan Doyle; Fairies Photographed; an epoch-making event (The Strand Dec.1920, pp.463-8)

Geoffrey Hodson; Fairies at Work and Play (Theosophical Pub.House, 1925)

Edward L. Gardner; Fairies, The Cottingley Photographs and Their Sequel (Theosophical Pub.House, 1945)

Stewart F. Sanderson; The Cottingley Fairy Photographs: a reappraisal of the evidence (Presidential address to the Folklore Society, Folklore vol.84 Summer, 1973)

Katharine Briggs; A Dictionary of Fairies (Allen Lane, 1976)

Joe Cooper; The Case of the Cottingley Fairies (Unexplained no.21 Jan.1981, Robert Hale Ltd. 1990; paperback, 1997)

Robert Pearsall; Conan Doyle, a Biographical Solution (1977)

Julian Symons; Conan Doyle of an Artist (1979)

アーサー・コナン・ドイル Arthur Conan Doyle
1859年、イギリス・エディンバラ生まれ。父チャールズは妖精画家。〈シャーロック・ホームズ〉や〈チャレンジャー教授〉シリーズ等のミステリ・SFで不動の名声を築いているが、「大空の恐怖」等のホラー小説、〈ナイジェル卿〉〈勇将ジェラール〉シリーズ等の歴史小説、『行動の詩』等の詩集、『ボア戦争』等の戦記ノンフィクションと、ジャンルをまたいだ精力的な執筆活動でも知られた。本書はドイルの心霊研究書の代表作で、作家の「暗」の世界への関心を知るにも避けて通れない一冊である。1930年没。

井村 君江 (いむら きみえ)
英文学者・比較文学者。明星大学名誉教授。うつのみや妖精ミュージアム名誉館長。金山町妖精美術館館長。著書に『妖精学大全』(東京書籍)、『ケルト妖精学』(筑摩書房)、『帰朝者の日本』(東京創元社、近刊予定)、訳書にウィリアム・シェイクスピア『新訳 テンペスト』(レベル)、オスカー・ワイルド『幸福の王子』(偕成社)、編著に『コティングリー妖精事件 イギリス妖精写真の新事実』(青弓社、近刊予定)ほか多数。

ナイトランド叢書 4-2

妖精の到来――コティングリー村の事件

著 者　アーサー・コナン・ドイル

訳 者　井村 君江

発行日　2021年6月10日

発行人　鈴木孝
発 行　有限会社アトリエサード
東京都豊島区南大塚1-33-1 〒170-0005
TEL.03-6304-1638 FAX.03-3946-3778
http://www.a-third.com/ th@a-third.com
振替口座／00160-8-728019
発 売　株式会社書苑新社
印 刷　モリモト印刷株式会社
定 価　本体2000円＋税
ISBN978-4-88375-440-3 C0098 ¥2000E

Printed in JAPAN

www.a-third.com

ナイトランド・クォータリー

NIGHT LAND *Quarterly*

ナイトランド・クォータリー

海外作品の翻訳や、国内作家の書下し短編など満載の
ホラー&ダーク・ファンタジー専門誌（季刊）

増刊 妖精が現れる!〜コティングリー事件とその周辺（仮題）

2021年7月刊行予定! 井村君江ほか、多彩な記事を収録!

vol.24 ノマド×トライブ 好評発売中!　**vol.25 メメント・モリ**（仮題）2021年6月刊

ナイトランド叢書——怪奇幻想小説の傑作

E&H・ヘロン
三浦玲子 訳

「フラックスマン・ロウの心霊探究」

3-6 四六判・カヴァー装・272頁・税別2300円

シャーロック・ホームズと同時期に着想され、
オカルト探偵ものの先駆けとなったシリーズ全12作を完全収録!
超常現象の謎を、自然の法則にのっとって解き明かす、
フラックスマン・ロウのみごとな手腕をご堪能あれ。

アリス&クロード・アスキュー
田村美佐子 訳

「エイルマー・ヴァンスの心霊事件簿」

1-5 四六判・カヴァー装・240頁・税別2200円

ホームズの時代に登場した幻の心霊探偵小説!
弁護士デクスターが休暇中に出会ったのは、
瑠璃色の瞳で霊を見るエイルマー・ヴァンス。
この不思議な男に惹かれ、ともに怪奇な事件を追うことに……。

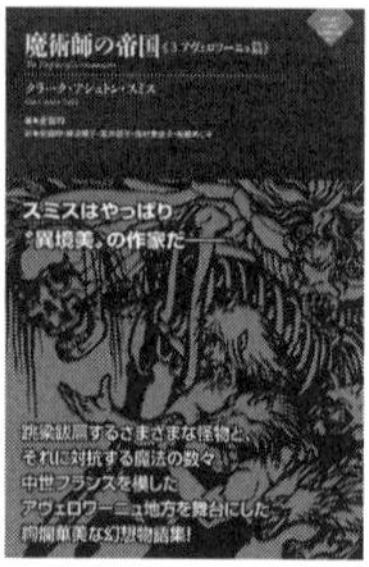

クラーク・アシュトン・スミス
安田均 編訳／柿沼瑛子・笠井道子・田村美佐子・柘植めぐみ 訳

「魔術師の帝国《3 アヴェロワーニュ篇》」

4-1 四六判・カヴァー装・320頁・税別2400円

スミスはやっぱり〝異境美〟の作家だ——。
跳梁跋扈するさまざまな怪物と、それに対抗する魔法の数々。
中世フランスを模したアヴェロワーニュ地方を舞台にした、
絢爛華美な幻想物語集!

詳細・通販は、アトリエサード http://www.a-third.com/

ナイトランド叢書

サックス・ローマー
田村美佐子 訳

「魔女王の血脈」

2-7 四六判・カヴァー装・304頁・税別2400円

謎の青年フェラーラの行く先には、必ず不審な死が——
疑念をいだき彼を追う医学生ケルンはいつしか、
古代エジプトの魔女王をめぐる闇深き謎の渦中へ……
英国を熱狂させた怪奇冒険の巨匠の大作!

A・メリット
森沢くみ子 訳

「魔女を焼き殺せ!」

2-6 四六判・カヴァー装・272頁・税別2300円

連続する原因不明の変死。
死者たちの傍らには人形が微笑む。
謎を追う医師の前には魔女の影が……
稀代のストーリーテラーがホラーに挑んだ幻の傑作!

オーガスト・ダーレス
中川聖 訳

「ジョージおじさん～十七人の奇怪な人々」

2-5 四六判・カヴァー装・320頁・税別2400円

少女を守る「ジョージおじさん」の幽霊、夜行列車の個室で待ち受ける物言わぬ老人、ライラック香る屋敷に隠れ住む姉妹……。
ラヴクラフトの高弟にして、短篇小説の名手ダーレスの、
怖くて優しく、奇妙な物語の数々。

アルジャーノン・ブラックウッド
夏来健次 訳

「ウェンディゴ」

2-2 四六判・カヴァー装・320頁・税別2400円

英国幻想文学の巨匠が描く、大自然の魔と、太古の神秘。
魔術を研究して、神秘の探究に生涯を捧げたブラックウッド。
ラヴクラフトが称賛を惜しまなかった彼の数多い作品から、
表題作と本邦初訳2中篇を精選した傑作集!

詳細・通販は、アトリエサード http://www.a-third.com/